北京交通大学北京社会建设研究院　组织编写

U1070437

经纬法学论丛

（第一辑）

JINGWEI FAXUE LUNCONG

李巍涛　主编

知识产权出版社
全国百佳图书出版单位
—北京—

图书在版编目（CIP）数据

经纬法学论丛．第一辑／李巍涛主编．—北京：知识产权出版社，2020. 5
ISBN 978－7－5130－7098－0

Ⅰ．①经…　Ⅱ．①李…　Ⅲ．①交通法—中国—文集　Ⅳ．①D922. 296. 4－53

中国版本图书馆 CIP 数据核字（2020）第 153223 号

责任编辑：齐梓伊　　**责任校对**：王　岩
封面设计：乾达文化　　**责任印制**：孙婷婷

经纬法学论丛（第一辑）

李巍涛　主编

出版发行：	知识产权出版社有限责任公司	**网　　址**：	http：//www. ipph. cn
社　　址：	北京市海淀区气象路 50 号院	**邮　　编**：	100081
责编电话：	010－82000860 转 8176	**责编邮箱**：	qiziyi2004@ qq. com
发行电话：	010－82000860 转 8101/8102	**发行传真**：	010－82000893/82005070/82000270
印　　刷：	北京建宏印刷有限公司	**经　　销**：	各大网上书店、新华书店及相关专业书店
开　　本：	787mm×1092mm　1/16	**印　　张**：	12
版　　次：	2020 年 5 月第 1 版	**印　　次**：	2020 年 5 月第 1 次印刷
字　　数：	205 千字	**定　　价**：	68. 00 元

ISBN 978－7－5130－7098－0

目　录

科技与法律

论互联网金融创新刑法规制的路径选择

——以非法集资类犯罪为视角

吴文嫔　张启飞*

摘　要：鉴于互联网金融创新缺乏完备的监管体制，容易触犯非法吸收公众存款罪、集资诈骗罪等罪名，使互联网金融的发展蒙上一层阴影。互联网金融作为一种新型融资方式，刑法对其规制应保持在一定的限度内，以免阻滞互联网金融发展。在非法集资犯罪条文尚未修改的情况下，应通过司法层面对相关罪名的构成要件作限缩解释，明确互联网金融刑法规制界限，摆正刑法作为保障法的地位，以平衡金融创新和刑法规制之间的关系。

关键词：互联网金融；非法吸收公众存款罪；集资诈骗罪；刑法规制

近年来，以余额宝、第三方支付、P2P网络借贷平台（Peer-to-Peer Lending Plant Form，以下简称P2P网贷）、众筹等模式为代表的互联网金融风生水起，在给我们带来便利的同时，也不可避免地带来了风险。正如德国学者乌尔里希·贝克所言："在现代化进程中，生产力的指数式增长，使危险和潜在威胁的释放达到了一个我们前所未知的程度。"① 目前，互联网金融创新面临诸多刑事法律风险，刑法介入互联网金融创新需谨慎，如何发挥刑法保障法的作用，发挥互联网金融有利于社会的一面，避免其可能带来的风险，以促进金融创新，应深入研究。

一、互联网金融创新的刑法规制状况

目前，我国刑法尚没有直接针对互联网金融犯罪的法律条款，对于涉嫌构成互联

* 作者简介：吴文嫔，女，北京交通大学法学院教授；张启飞，男，武汉大学法学院博士研究生。

①［德］乌尔里希·贝克：《风险社会》，何博闻译，译林出版社2004年版，第15页。

网金融犯罪的行为，只能按照传统金融犯罪处理，即依据《中华人民共和国刑法》（以下简称《刑法》）第 3 章第 4 节破坏金融管理秩序罪和第 5 节金融诈骗罪规定的 38 个罪名定罪处罚。其中，互联网金融创新最可能触犯非法吸收公众存款罪，集资诈骗罪，非法经营罪，擅自发行股票、公司、企业债券罪，擅自设立金融机构罪，洗钱罪等罪名。

此外，针对近年来非法集资比较严重的现象，最高人民法院、最高人民检察院、公安部先后单独或联合颁布《全国法院审理金融犯罪案件工作座谈会纪要》《关于经济犯罪案件追诉标准的规定》《关于审理非法集资刑事案件具体应用法律若干问题的解释》（以下简称《解释》）、《关于非法集资刑事案件性质认定问题的通知》《关于办理非法集资刑事案件适用法律若干问题的意见》（以下简称《意见》），这些纪要、规定、解释、通知和意见对法律适用中的疑难问题作出解释，成为处理互联网金融犯罪案件的重要依据。

二、互联网金融创新刑法规制存在的问题

第一，互联网金融面临巨大的刑事风险，不利于金融创新。目前，互联网金融领域存在较大的刑事风险，以《刑法》规定来看，可能涉嫌构成非法吸收公众存款罪、集资诈骗罪、洗钱罪等 10 余种罪名。以众筹、P2P 网贷、第三方支付平台、余额宝等互联网金融创新行为为例，这些金融服务大多未经国家有关主管部门批准，若擅自开展证券、期货、保险、资金支付等金融业务，涉嫌《刑法》第 174 条擅自设立金融机构罪；若行为属于“严重扰乱市场经济秩序的非法经营行为”，或符合《解释》第 7 条的规定，则涉嫌《刑法》第 225 条非法经营罪；若众筹、P2P 网贷等网络集资机构未经批准，通过互联网平台向社会公开宣传，向社会不特定公众吸收资金，承诺还本付息，符合《解释》第 1 条至第 3 条、《意见》第 2 条至第 4 条的，涉嫌《刑法》第 176 条非法吸收公众存款罪；若行为符合《解释》第 4 条、第 5 条及《意见》相关条款的规定，则涉嫌《刑法》第 192 条集资诈骗罪；若行为符合《解释》第 6 条的规定，则涉嫌《刑法》第 179 条擅自发行股票、公司、企业债券罪。

此外，由于互联网金融活动中资金流动较快，匿名性较强，若互联网金融经营机构利用互联网金融平台为他人掩饰、隐瞒犯罪所得及其收益，则涉嫌《刑法》第 191 条洗钱罪或《刑法》第 312 条掩饰、隐瞒犯罪所得、犯罪所得收益罪；众筹、P2P 网

贷、第三方支付平台在运作过程中，往往会形成大量在途资金，这些沉淀资金若被互联网金融机构工作人员挪用，则涉嫌《刑法》第271条职务侵占罪或《刑法》第272条挪用资金罪；若行为人假借互联网金融平台实施诈骗或盗窃行为，则涉嫌《刑法》第266条诈骗罪或第264条盗窃罪。

非法吸收公众存款罪、集资诈骗罪等罪名的设置如同悬在互联网金融机构头顶的“达摩克利斯之剑”，阻滞互联网金融企业的创新。笔者认为，无论是经济的发展，还是企业的成长，更需要的是国家制度宽容、规范、引导和鼓励，而不是动辄以破坏既有制度或体制施以惩罚和限制。① 随着经济领域改革的深入以及社会环境的变化，刑法中的某些罪名可能已经在某种程度上失去了当时的立法必要性，某些罪名尽管仍有存在必要，但如果不对其构成要件作出适当修改，这些罪名将难以适应时下社会发展的需要。②

第二，互联网金融犯罪入罪门槛偏低，犯罪圈过大。自1997年《刑法》实施以来，我国先后通过1个单行《刑法》和8个《刑法修正案》，通过新增罪名、修正某些犯罪的犯罪形态、降低入罪条件、扩大犯罪的处罚范围等方式，导致犯罪门槛下降，犯罪圈扩大，这种情况同样反映在经济刑法领域。在涉互联网金融犯罪中，多数属于行政犯罪，行政犯罪既违反行政法规，又触犯刑法规范。例如，《刑法》第174条“未经国家有关主管部门批准”、第179条“未经国家有关主管部门批准”、第225条“违反国家规定”的表述属于典型的行政犯罪。即使有些法条没有这样描述罪状，也可以推断出某一行为必须违反公司法、证券法、商业银行法等法律才可能构成犯罪。由于行政法律本身具有弹性，且修改频繁，导致刑法的处罚范围扩大。

此外，司法解释也不断侵入刑事立法领域，导致部分罪名犯罪门槛降低。以非法吸收公众存款罪为例，最高人民检察院、公安部《关于公安机关管辖的刑事案件立案追诉标准的规定（二）》第28条第2项规定“个人非法吸收或者变相吸收公众存款对象30户以上的，单位非法吸收或者变相吸收公众存款对象150户以上的”应予立案追诉。而《解释》第3条第1款第2项规定“个人非法吸收或者变相吸收公众存款对象30人以上的，单位非法吸收或者变相吸收公众存款对象150人以上的”应当追究刑事责任。实际上，“户”往往由多“人”组成，以“人”为追诉标准，实际

①何荣功：《经济自由与经济刑法正当性的体系思考》，载《法学评论》2014年第6期。
②刘宪权：《自贸区建设中刑法适用不可回避的“四大关系”》，载《政法论坛》2014年第5期。

上降低了该罪的门槛。

第三，涉互联网金融犯罪刑罚配置过重，资格刑配置较为单一。在涉互联网金融犯罪中，刑罚配置以自由刑和财产刑为主。其中，除非法经营罪最高刑为 15 年，集资诈骗罪最高刑为死刑外，多数罪名的最高刑为 10 年有期徒刑，并且全部涉互联网金融犯罪都配置了罚金刑，部分罪名可选择适用没收财产。由于集资诈骗罪死刑的规定，使得该罪的刑罚设置过重，合理性存疑，遭人诟病。另外，我国剥夺政治权利的资格刑仅适用于危害国家安全、故意杀人、强奸、放火、爆炸、投毒、抢劫等犯罪中，对涉互联网金融犯罪，只能按照《刑法》第 57 条的规定，对判处死刑或无期徒刑的犯罪人附带剥夺政治权利。同时，根据《刑法》第 54 条关于剥夺政治权利范围的规定，可以看出，这一资格刑对互联网金融机构从业人员缺少威慑作用。

三、互联网金融创新刑法保障完善路径

通过前文分析，笔者认为，在鼓励互联网金融创新的背景下，应严厉打击利用互联网金融实施的严重破坏金融秩序的违法犯罪行为，而对于互联网金融创新活动中轻微的违法行为，应予以宽宥对待，以免扼杀互联网金融创新。

（一）适度提高非法吸收公众存款罪的门槛

尽管有学者认为，我国犯罪门槛的下降趋势已然出现在立法和司法两个层面，① 但这并不妨碍刑法中个别罪名提高犯罪门槛。刑法作为辅助法，其最后手段性决定了其对经济活动的干预必须矜持、慎重，讲究德行，不能在经济自由与经济管制调和过程中，乘机扩大自己的处罚范围。② 有学者认为，无论从不影响互联网金融发展的角度考虑，还是从该罪自身的宿命来看，废止该罪都实属必然。③ 笔者认为，该观点未免过于超前，非法吸收公众存款罪作为特定时期计划经济的产物，在目前状况下，仍有一定的存在价值，尚未到废止地步。经济基础决定上层建筑，抛开经济发展的状况而奢谈修律，未免过于“任性”和不切实际。在立法层面遭遇困境的情况下，对于该罪的适用应当寻求司法途径予以解决。“法律不是嘲笑的对象”，而是法学研究的对象，社会现实也不允许我们等到法律尽善尽美之时再适用。即便立法存在纰漏，解

①卢建平：《犯罪门槛下降及其对刑法体系的挑战》，载《法学评论》2014 年第 6 期。
②何荣功：《经济自由与经济刑法正当性的体系思考》，载《法学评论》2014 年第 6 期。
③刘宪权：《论互联网金融刑法规制的“两面性”》，载《法学家》2014 年第 5 期。

释者也应当通过娴熟运用刑法解释的方法，对抽象的或有疑问的表述作出善意的解释或推定，将“不理想”的法律条文解释为理想的法律规定。①

非法吸收公众存款罪的入罪标准可以区分为两种情况：一是欺诈；二是以超过企业利润比率的高额回报吸纳资金。② 以此为准，笔者认为，对非法吸收公众存款罪而言，应该通过制定司法解释，限定构成要件中的“社会公众的范围”“集资款项用途”和提高该罪的入罪门槛来调整和限缩该罪的适用，以促进互联网金融的发展。

第一，合理限定“社会公众的范围”。根据《解释》第 1 条第 1 款第 4 项的规定，社会公众即“社会不特定对象”。司法实践中，不能仅仅因为人数众多就认定“社会公众”，人数众多仅是构成社会公众的必要而非充分条件。如果集资人通过互联网面向社会不特定人群发放公告，集资对象人数众多，集资数额达到了法律规定的标准，则应认定为非法吸收公众存款的行为。以 P2P 网贷为例，由于 P2P 网络借贷市场中交易双方互不相识，集资人利用 P2P 网贷信息不对称优势，以高利为诱饵，使投资者在不了解信息和风险的情况下进行投资，该行为如果符合前述《解释》第 1 条第 1 款规定的 4 个条件，则构成非法吸收公众存款罪。

为了限制非法吸收公众存款罪的成立范围，《解释》第 1 条第 2 款规定：“未向社会公开宣传，在亲友或者单位内部针对特定对象吸收资金的，不属于非法吸收或者变相吸收公众存款。”排除了在亲友或单位内部针对特定对象吸收资金构成该罪的情况。为准确理解“社会公众”的含义，《意见》第 3 条规定：“下列情形不属于《解释》第 1 条第 2 款规定的‘针对特定对象吸收资金’的行为，应当认定为向社会公众吸收资金：（一）在向亲友或者单位内部人员吸收资金的过程中，明知亲友或者单位内部人员向不特定对象吸收资金而予以放任的；（二）以吸收资金为目的，将社会人员吸收为单位内部人员，并向其吸收资金的。”该条进一步明确了“社会公众”的含义，严格限定为社会不特定人员。

第二，限定非法吸收公众存款罪构成要件中“集资款项用途”。在实践中，集资人利用互联网金融平台募集资金的实际用途差异很大，企业或个人融资后，有的将集资款用于从事非法的资本、货币经营，有的则是将集资款用于从事合法的商业、生产

---

①张明楷：《刑法格言的展开》，北京大学出版社 2013 年版，第 3 页。

②姜涛：《非法吸收公众存款罪的限缩适用新路径：以欺诈和高风险为标准》，载《政治与法律》2013 年第 8 期。

运营。这两种集资用途的差异体现了非法集资行为社会危害性的差异，前者侵犯了国家的金融管理秩序，而后者则不然。[①] 从国家允许民间借贷的事实可以知道，法律禁止非法吸收公众存款，并非禁止公民、企业和组织吸收资金，而是禁止公民和其他组织未经批准从事金融业务，像金融机构那样，用所吸收的资金去发放贷款，去进行资本和货币经营。笔者同意这样的观点：将部分吸收公众资金用于投资金融风险相对较低领域的行为排除出非法吸收公众存款罪的范围，即将非法吸收公众存款罪构成要件中“集资款项用途”限定用于货币、资本经营或投资于证券、期货、地产等高风险领域。[②]

《解释》第3条第4款规定：“非法吸收或者变相吸收公众存款，主要用于正常的生产经营活动，能够及时清退所吸收资金，可以免予刑事处罚；情节显著轻微的，不作为犯罪处理。”该条款对“集资款项用途”进行区分，合理限定了非法吸收公众存款罪的处罚范围。由于多数集资人利用互联网融资平台募集资金主要用于合法的生产、商业活动，通过对非法吸收公众存款罪构成要件中“集资款项用途”的限定，可以将大部分进行集资的行为排除在刑事规则的范围之外，还可以使大量中小微企业获得合法的融资途径，解决融资困难的难题，对于促进企业发展、互联网金融创新具有积极意义。

第三，适度提高非法吸收公众存款罪的入罪门槛。《解释》第3条第1款规定，非法吸收或者变相吸收公众存款，具有下列情形之一的，应当依法追究刑事责任：①个人非法吸收或者变相吸收公众存款，数额在20万元以上的，单位非法吸收或者变相吸收公众存款，数额在100万元以上的；②个人非法吸收或者变相吸收公众存款对象30人以上的，单位非法吸收或者变相吸收公众存款对象150人以上的；③个人非法吸收或者变相吸收公众存款，给存款人造成直接经济损失数额在10万元以上的，单位非法吸收或者变相吸收公众存款，给存款人造成直接经济损失数额在50万元以上的；④造成恶劣社会影响或者其他严重后果的。该规定在互联网金融时代，入罪门槛明显偏低。就众筹、P2P网贷等互联网金融融资模式而言，涉及人数成千上万，集资规模可达数千万元甚至上亿元。如果按照现有规定处理，绝大多数互联网融资模式都有触犯刑事法律的风险。

---

①刘宪权：《刑法严惩非法集资行为之反思》，载《法商研究》2012年第4期。

②刘宪权、金华捷：《P2P网络集资行为刑法规制评析》，载《华东政法大学学报》2014年第5期。

笔者认为，现有规定的入罪标准明显阻滞了互联网金融的发展，应适度提高非法吸收公众存款罪的入罪门槛，缩小非法吸收公众存款罪的犯罪圈。具体而言，建议以现有入罪标准的5倍作为新的立罪标准，同样，“数额巨大或者有其他严重情节”也以现有标准5倍为准。这样，可以将多数利用互联网平台融资的借款人排除在犯罪之外，而对于集资数额特别巨大的仍予以追究。通过提高入罪门槛，不仅限制了刑法介入的限度，还给互联网金融创新留有一定的空间。

（二）适度限制集资诈骗罪的适用范围

《刑法》第192条明确规定“非法占有目的”是集资诈骗罪的主观构成要素，也是集资诈骗罪与其他非法集资犯罪的重要区别。《解释》第4条第2款对“非法占有目的”作了明确的规定，对于准确认定犯罪具有重要意义。但是，对“非法占有目的”的认定，既不能单纯根据损失结果认定，也不能仅凭被告人自己的供述认定，而应当根据案件的全部情况具体分析和判断。对于通过互联网金融平台进行非法集资的案件，认定“非法占有目的”时一定要谨慎，由于集资诈骗罪的法定刑明显高于非法吸收公众存款罪，并且还有死刑的配置，在“非法占有目的”不明确时，应优先适用非法吸收公众存款罪等罪名。同时，为不阻滞互联网金融的创新，应对“非法占有目的”作进一步限定，以限制集资诈骗罪的适用范围。

第一，对集资款“无法返还”的原因进行限定。实践中，“无法返还”既有主观原因也有客观原因，不能仅凭客观原因认定行为人具有“非法占有目的”。《解释》第4条第2款的规定均是从主观上限定非法占有目的，“无法返还”仅是行为人“以非法占有目的”的必要条件而非充分条件，两者之间并不存在必然联系。只有在行为人肆意挥霍集资款、携带集资款逃匿、将集资款用于违法犯罪活动等主观原因导致无法返还时，才可以认定为“以非法占有目的”。

第二，从集资款用途的比例上进行限定。一般而言，集资人对于通过互联网金融平台筹集到的资金既会用于投资或生产经营，也会用于个人消费或挥霍，仅根据行为人将少量集资款用于个人消费或挥霍的事实根本无法推导出“非法占有目的”。因此，只有当行为人将集资款用于个人消费或挥霍的比例大于投资或生产的比例，才能认定其具有“非法占有目的”，而不能仅依据行为人存在将集资款用于个人消费或挥霍的事实就武断地认定其具有非法占有目的。

此外，根据行为与责任同时存在原理，集资诈骗罪的“非法占有目的”，应当存在于行为时。非法募集资金后才产生“非法占有目的”的，不能认定为集资诈骗罪。因此，在认定集资诈骗罪犯罪数额时，“非法占有目的”产生之前利用互联网金融平台筹集的款项不宜认定为集资诈骗罪的犯罪数额，构成其他犯罪的，以相关犯罪定罪处罚。

四、结语

我国法律由于偏重保护国有金融机构的垄断地位和利益，在刑法上表现为部分法律条文处罚范围的扩张。在互联网金融时代，非法吸收公众存款罪、集资诈骗罪等非法集资罪名的设置，在维护了投资者利益的同时，也不可避免地损害了公共利益。现实社会刑法处罚范围的设定，实际上反映的是特定时期国家调和、平衡市场经济自由与经济管制关系的结果，经济犯罪范围的大小体现的是国家对经济自由认可的限度和国家的政治宽容度。因此，针对刑法中不合理的条款，在尚无法进行修改或废止的情况下，应结合国家的金融政策，及时制定司法解释，调整入罪门槛，限缩其适用范围，以免阻滞互联网金融的创新和发展。

交通运输行业诚信体系的构建

孙向齐*

摘　要： 交通运输业是国家的基础行业，是多种利益相互交织的行业，因此，交通运输诚信建设必须从体系化、系统性的角度入手，协调各种交通运输方式下的各类主体关系，以保证交通运输行业健康有序发展为目标，以政府主导、市场参与为模式，构建包含交通运输建设、产品、服务、安全等各个环节的综合诚信体系。

关键词： 交通运输；运输诚信；诚信体系

一、交通运输行业诚信的基本含义与定位

诚实信用是民商事法律体系中的"帝王规则"，一切民商事主体行为的正当性与合法性，最终都要接受"诚实信用"的考验。虽然诚实信用原则的基本内涵很容易理解，但是其细微之处极具弹性和模糊性。在学理上，对诚实信用的解释有"语义说""一般条款说""主观诚信说""客观诚信说"等。德国著名学者韦伯教授，在《德国民法典注释》中，关于诚信一条（第 242 条）的解释长达 1000 多页，可见其内容的丰富性和争议性。究其原因：一是诚实信用原则是主观意志与客观行为的统一，人的内心世界及主观成分很难把握；二是诚实信用是道德准则和法律准则的统一，诚实信用的法律准则是从道德观念升华、演变而来的，法律与道德的界限很多情形下不容易判断；三是诚信用原则具有抽象性和概括性，是从人们内心思想与外部行为抽象出来的准则，其本质是一种理念和思想。

诚实信用包括诚实与信用两个方面。诚实要求主体说真话、办实事、表里如一，

---

* 作者简介：孙向齐，北京交通大学法学院副教授。

不能隐瞒事实、欺诈别人；而信用则要求主体言而有信、一诺千金。诚实信用的原则里还应该包括“善”的因素，它应该是“善意”与“信用”的统一。善，就是不自私，在追求自身利益的同时，也要考虑到对方的利益、国家的利益、社会的利益。如果忽略“善”的因素，容易将诚信的理解片面化。例如，绑架勒索的犯罪嫌疑人对被害人家属说，如果你不在三点前把钱送到，我就要“撕票”。结果他三点钟没收到钱，果真把人质杀了，这种行为，是说到做到，言而有信，但与我们所谈的诚信完全不同。我们所说的诚信，是一种人们对真善美的追求，是理想和目标。另外，诚实信用已经从单纯的个人道德层面，以及交易中当事人各方之间的诚实信用，进而推及各种民商事主体的社会公德、社会责任等方面，其内容有逐渐扩大、丰富之势。诚实信用内容的丰富性与弹性，不是它的缺点反而成为它的优点，使我们可能用诚实信用这把尺子给所有的市场主体的所有行为提供标准，来补充法律、合同之不足。

现代社会是契约社会，而“契约”的内容，除了传统的人们通过合同的方式所做的承诺之外，实际上也包括了人与人之间的道义上的期待，甚至包括了法律、道德、国家利益与公共利益对一个普通企业与公民的期待和要求。这样，失信行为的范围，就不再限于合同的违约，实际上，违反公德、违反法律、违反社会对一个企业或者公民最基本的期待和要求，也成了违背诚实信用的行为。《国务院关于印发社会信用体系建设规划纲要（2014—2020年）的通知》（以下简称《纲要》）中提到，社会信用体系是社会主义市场经济体制和社会治理体制的重要组成部分。它以法律、法规、标准和契约为依据，以健全覆盖社会成员的信用记录和信用基础设施网络为基础，以信用信息合规应用和信用服务体系为支撑，以树立诚信文化理念、弘扬诚信传统美德为内在要求，以守信激励和失信约束为奖惩机制，目的是提高全社会的诚信意识和信用水平。在这个《纲要》中，将“社会诚信”的内容又分为“政务诚信、商务诚信、社会诚信和司法公信建设”四大块。可见，政府也是从这个广泛的意义上来界定诚实信用的。

笔者认为上述分类比较混乱。社会诚信，正如文件的标题，应该是一个最上位的概念，其内容应该包括“政务诚信、商务诚信、非营利事务诚信和司法公信建设”，其中非营利性事务的诚信建设，是指政、商、司法领域之外的市民社会中的诚信建设，这样表述可以把这个文件第三部分中“全面推进社会诚信建设”的内容全部包括进去（其内容包括医药卫生和计划生育领域信用建设，社会保障领域信用建设，劳动用工领域信用建设，教育、科研领域信用建设，文化、体育、旅游领域信用建设，知识产权领域信用建设，环境保护和能源节约领域信用建设，社会组织诚信建设、自然人信用建设、互联网应用及服务领域信用建设），带有兜底性和综括性，能防止挂一漏万，也能处理好社会诚信与其各部分内容之间的关系。

《纲要》第二部分中关于“商务诚信”的内容部分，把商务诚信的内容分为生产领域信用建设，流通领域信用建设，金融领域信用建设，税务领域信用建设，价格领域信用建设，工程建设领域信用建设，政府采购领域信用建设，招标投标领域信用建设，交通运输领域信用建设，电子商务领域信用建设，统计领域信用建设，中介服务业信用建设，会展、广告领域信用建设，企业诚信管理制度建设。其分类标准也十分混乱。笔者认为，“商务诚信”部分，应该按行业进行分类，采取列举加概括的方式。交通运输领域的信用建设就属于商务诚信的下辖概念，它可以和金融领域信用建设、电子商务领域信用建设等并列，但不能与税务领域信用建设、价格领域信用建设并列。因为每个行业都涉及税务、价格等问题，放在一起会导致分类标准混乱。交通运输行业诚信，又可以细分为交通运输基础建设领域的诚信建设、交通运输产品经营领域的诚信建设、交通运输营业领域的诚信建设和交通运输安全保护领域的诚信建设或者分为交通运输企业诚信建设与交通运输领域的个人诚信建设等内容。

综上，交通运输行业的诚信，是社会诚信的一个重要组成部分，基本上属于商务诚信的范畴，其内涵是指交通运输行业的各类经营者，参与交通运输的托运人、旅客，以及其他消费者应当以最大的善意参与交通运输涉及的建设，交通工具的生产、销售，交通运输运营服务等活动，不能唯利是图，损人利己，各种有关运输的活动，都应该遵守合同的约定和国家的法律、法规、部门规章以及社会公德。

二、交通运输领域存在的诚信问题

交通运输行业是国家基础性产业，是其他行业发展和民众自由的保障。任何企业与个人对交通运输产业的发展都具有一定的依赖性。交通运输领域的基础设施所依赖的土地是不可再生资源，且投资巨大，影响长远，因此，交通运输又与国家安全、社会安全、公共利益紧密联系在一起。我国在交通运输领域实施严格的市场准入制度和行政监管，但市场准入侧重于对市场主体的资质审查，侧重于形式而非内容，行政监管则具有事后性，预防的功能十分微弱。因此，要从根源上保证交通运输的安全、秩序与效率，最终还要依靠运输行业的企业与个人的诚实信用。

我国交通运输行业实行政企分开后，政府与交通运输企业之间的关系发生了变化，市场的力量更多、更广泛地渗透到交通运输行业的各个角落，运输行业的公益性与营利性矛盾日益突出。再加上监管措施不完善，法律制度不健全，交通运输行业的安全事件时常发生，主要表现在：一是交通运输设施建设工程质量与安全问题。有些企业利用规避招投标，串通招投标，签订阴阳合同，资质挂靠与借用，非法转包、分包工程等手段逃避监管，非法渔利，给建设工程质量和安全埋下了隐患。由豆腐渣工程而引发的质量安全事件、事故层出不穷。二是运输行业经营过程中的非法、违约行为。例如，承运人超载、超速、甩客、拒载、价格欺诈、驾驶员私自改装车辆或者报废车辆从事运输活动，以及驾驶员的酒驾、毒驾、违章行驶等行为；旅客私自携带危险品上车等损害公共安全以及打架斗殴、吸烟等其他损害公共秩序、公共卫生的行为等。乘客逃票当然也是交通运输诚信中的一个重要组成部分，属于营业中的诚信行为。其实，运输营业活动中所有的当事人，包括货物运输中的收货人，从事与运输有关的生产、销售以及车站、货场、修理修配、驾驶员培训等服务商都负有诚信义务，都属于交通运输营业诚信的范畴。三是交通运输行业监管中存在的政务诚信问题。例如，乱收费、乱罚款、乱摊派、钓鱼执法等，都属于交通运输领域政务诚信的范畴。这个问题当然不是交通运输行业特有的问题，但也比较突出。这些问题有些是法律问题，而有些则是社会问题、道德问题、良知问题，仅依靠法律、法规和行政、司法的力量是不够的。因此，需要加强交通运输领域的诚信建设，以收集、评价交通运输企业与个人信用信息为核心，构建一套包含规范、网络、奖惩机制等在内的完整体系，最终影响企业与个人在交通运输领域的商业信誉和商业机会，促进交通运输行业的健康发展。

交通运输行业是市场行为与政府交互作用的行业。政府诚信与市场主体的诚信建设同等重要。现实中往往将交通运输诚信建设重点放在对旅客、运营商、驾驶员等主体危害交通秩序上，而忽视政府与企业，特别是国有企业的自身诚信体系建设；在环节上则强调运输安全领域诚信体系的建设而忽视交通基础设施建设领域和执法、司法领域的诚信建设，使得交通运输诚信的建设碎片化，从而影响诚信机制作用的发挥。

三、交通运输行业诚信体系的构建

（一）构建政府主导型的行业诚信体系

《纲要》指出，社会信用体系建设的主要原则是：政府推动，社会共建。充分发挥政府的组织、引导、推动和示范作用。政府负责制订实施发展规划，健全法规和标准，培育和监管信用服务市场。注重发挥市场机制作用，协调并优化资源配置，鼓励和调动社会力量，广泛参与、共同推进，形成社会信用体系建设合力。

从长远来看，诚信的企业和个人能够被市场认可，而失信的企业与个人最终会受到市场的惩罚，但是依靠市场自发的、随机的力量对失信者进行惩戒，显然具有被动性、滞后性，甚至有时会出现“劣币驱逐良币”的后果。因此，采取主动性措施有目的、计划地构建社会诚信体系，将企业与个人的信用记录进行系统的收集、整理、加工、披露，让诚信者有更多的机会与利益，让失信者失去市场和机会，就成为市场机制和社会治理机制不可缺少的一项内容。

自然状态下，企业与个人的信用是零散、断层的，交易主体之间关于各方的信用的信息也严重地不对称。但每个交易者都希望获得交易相对人的信用信息，以增加交易的安全性。因此，收集、整理、加工、披露企业与个人的信息不仅是政府实施社会管理的需要，也是一种市场需要，有可能通过市场化的方式来实现。

从国际上来看，社会信用体系建设有政府主导型和市场主导型两种基本的模式。以美国为代表的市场主导型社会信用体系模式已经有上百年的历史，它从一开始就从商业社会中产生，将企业、个人信息的收集、提供作为一种商业服务。而这种信息服务，反过来形成了对企业的约束和激励。以穆迪投资者服务公司（Moody）、标准普尔公司（Standard and Poor’s）为代表的信用评级机构，通过收集、加工、管理企业信用信息，对企业的信用进行评级，这种评级会直接影响到企业的融资和经营活动。因此，企业对自身的信用像保护自己的眼睛一样，非常重视。企业信用丧失，对企业来说是灭顶之灾。即便曾是美国最大的能源、电力、天然气巨头的安然公司，也会因财务造假，而迅速土崩瓦解。

关于个人信用，美国拥有更为完善的体系，个人信用记录与公民的日常生活息息相关。在美国，每个人都有自己的“社会安全号”，即 SSN（social security number），可与个人的银行账号、税号、信用卡号、社会医疗保障号联系在一起，将个人生活诚信记录汇集起来。账号通常由公民向美国社会安全管理局申请，每个人终身只持有一个账号，公民在一定条件下可凭账号查询任何人的诚信记录，个人信用分数越高，越有利于公民的贷款、购物、租赁等信用消费，甚至关乎公民的就业和发展。此外，在美国个人信用体系中，信用局是提供个人信息服务的重要机构。所谓信用局，是指向信用信息需求者提供个人信息调查报告的供应商。与企业信用评级机构不同，信用局通常只建立一国或某个地区的个人信用数据库，很难拓展到全球。这些个人信用机构都属于私人组织，按照市场模式运作。总体而言，美国通过信用局制度建立了关于个人信用信息征集与利用的组织体系。结合“社会安全账号”制度，两者共同构成了美国个人信用体系的基本架构。美国公民可借此了解彼此的信用，趋利避害，尽可能地减少现代博弈中的欺诈行为，培育诚实信用的社会风气。①

欧洲各国政府在建设社会信用体系中发挥着主导作用。在公共权力的驱动下，欧洲各国建立了较为完善的社会信用征信体系和信用法律体系。此外，欧盟在设立欧盟成员国社会信用体系建设的最低标准和统一规范方面作用明显，对于保证信用信息在欧盟各国的自由流动和推动欧盟社会诚信体系一体化的进程，有积极的现实意义。在资本主义发展初期，英国是市场经济最为发达的国家，欧洲也是近代世界经济中心。在市场经济的带动下，欧洲的社会信用建设起步较早，已逐渐形成了国家主导、私营机构为辅助的社会征信体系。这是欧洲社会征信体系的总体特征，但也不排除因国别不同而存在的差异。在此种模式中，社会征信体系分为公共信用信息登记系统和私营征信系统两个组成部分。前者是社会征信体系的主要部分，通常由国家联合中央银行组建和管理，依托政府出资的中央信贷登记系统收集和处理信贷信息，然后根据所需提供信息，分别服务于中央银行的业务监管和商业银行开展信贷业务。后者主要指自发运作的各类信用机构，信用信息依据供求关系、自愿原则自由流动。

和发达国家相比，我国的社会信用体系覆盖面小，特别是个人信用体系极不完善。笔者认为，我国现阶段应该由政府主导建立社会基本信用体系。社会信用建设应当是全覆盖、成体系的。这样的体系，我国还没有，但我国目前在三个领域的信用体系建设比较完善：一是人民银行主导的为金融企业提供信贷服务的企业征信查询系统；二是工商系统的企业信用信息查询系统；三是最高人民法院主导的对拒不履行法

①类延村：《规则之治——社会诚信体系治理模式研究》，西南政法大学2013年博士学位论文。

院生效判决、裁定的失信被执行人名单。这几个领域信用体系建设的成功，原因在于公权利主导建设信用体系具有权威性和统一性，适合市场经济不完善、不发达的转型期。评级机构的信用形成需要一个过程，而目前我国信用体系建设任务极其迫切，只有政府投入，由政府主导建立基础的信用体系才能满足这种迫切性。在市场成熟后，可逐步发展市场化的信用体系。现阶段，企业应该先从自身的管理需要出发，构建基础性的信用信息平台，将已有的、碎片化的信用信息进行整理、加工，在条件成熟后，再实现共享与交流。

具体到交通运输领域来讲，交通部应该承担起构建行业诚信总策划、总设计的角色，通过行政手段来推进交通运输行业的诚信体系建设，这个平台最终要与其他行业管理部门的信用体系相沟通，成为社会诚信体系的一个重要组成部分。

目前，我国交通运输领域各类主体的信用信息是分散的、碎片化的，例如，交通运输企业的基本信用信息在工商局系统里，其资质、许可记录在交通行政管理的系统里，其违章记录在交通公安的管理系统里，其存贷款记录在银行系统里，而其如果是“老赖”，则需要在法院的“黑名单”里进行查询。这些分散的、碎片化的信用信息极不利于查询与使用，企业信用的激励与惩戒作用也随之大打折扣。因此，构建行业信用体系建设的关键环节首先是打好基础，制定相应的规章制度和标准，然后再按照一定的标准收集、整理相关企业与个人的信用信息，最终实现信用信息的公开与共享。

在个人信用建设方面，最终的目标是建立覆盖全社会的个人信用体系。政府应该依托现有的身份证制度、个人人事档案制度，仿照美国的“社会安全号”制度，将个人生活、交易过程中各种信用信息，绑定在一个平台上，可以供第三方使用、查阅，这样一来，不仅和交通运输行业相关的驾车违章、闯红灯、逃票、携带危险物品、损害交通设施等行业，即便是像考试作弊、拖欠水电费等都会留下一个人的信用记录，更不用说违法犯罪了。当然，在这样一个全面的个人信用系统还没有形成的时候，交通运输领域的管理部门应该先规范个人在交通领域的信用信息记录和整理工作，实现交通运输领域个人信息录入的规范与完整。

（二）交通运输行业诚信体系的组成部分

一是完善交通运输行业诚信体系建设所依托的法律、法规与标准体系。根据交通运输行业信用体系建设的需要，制定、完善行业信用建设的规章制度、标准，构建行业信用信息建设的基本框架，制定信用信息目录，明确信用信息采集与记录的主体、环节、录入的内容、标准和分类，以及信用信息的更新、运用规则。

二是完善交通运输行业信用体系所要求的网络配平台建设。加大投入，吸引人才，构建交通运输行业信用信息的设施、网络终端与平台，完善信用信息管理制度，提高信用信息的安全性与使用效率，保证信用信息的真实性、全面性。

三是积极引导第三方机构参与信用考核评价，逐步建立交通运输管理机构与社会信用评价机构相结合，具有监督、申诉和复核机制的综合考核评价体系，将各类交通运输违法行为列入失信记录。

四是优化行业信用信息的惩戒功能，鼓励和支持各单位在采购交通运输服务、招标投标、人员招聘等方面优先选择信用考核等级高的交通运输企业和从业人员。对失信企业和从业人员，要加强监管和惩戒，逐步建立起跨地区、跨行业的信用奖惩联动机制。

（三）交通运输行业诚信体系的主要环节

一是交通运输工程建设领域的征信建设。推进工程建设市场信用体系建设。加快工程建设市场信用法规制度建设，制定工程建设市场各方主体和从业人员信用标准。推进工程建设领域项目信息公开和诚信体系建设，依托政府网站，全面设立项目信息和信用信息公开共享专栏，集中公开工程建设项目信息和信用信息，推动建设全国性的综合检索平台，实现工程建设项目信息和信用信息公开共享的“一站式”综合检索服务。深入开展工程质量诚信建设。完善工程建设市场准入退出制度，加大对发生重大工程质量、安全责任事故或有其他重大失信行为的企业及负有责任的从业人员的惩戒力度。建立企业和从业人员信用评价结果与资质审批、执业资格注册、资质资格取消等审批审核事项的关联管理机制。建立科学、有效的建设领域从业人员信用评价机制和失信责任追溯制度，将肢解发包、转包、违法分包、拖欠工程款和农民工工资等列入失信责任追究范围。

二是交通运输产品领域的征信建设。建立健全交通运输产品市场准入和退出信用审核、信用记录，加强各类交通运输产品经营主体生产和加工环节的信用管理，建立交通运输产品质量信用信息异地和部门间共享制度。推动建立交通运输产品质量信用征信系统，完善产品质量投诉举报咨询服务平台，建立质量诚信报告、失信黑名单披露、市场禁入和退出制度。

三是交通运输服务领域的征信建设。完善交通运输企业的信用考核标准，实施分类考核监管。针对公路、铁路、水运、民航、管道等运输市场不同经营门类分别制定考核指标，加强信用考核评价监督管理，积极引导第三方机构参与信用考核评价，逐步建立起交通运输管理机构与社会信用评价机构相结合，具有监督、申诉和复核机制的综合考核评价体系，将各类交通运输违法行为列入失信记录。

四是交通运输安全领域的征信建设。运输管理部门要对公路、铁路、水运、民航等各种运输方下的安全执法记录、事故责任记录进行系统整理，打破执法部门之间的分割状态，实现不同执法部门掌握的交通安全信息互联互通，形成交通运输主体的安全信用评价体系。

四、结语

交通运输业是国家的基础行业，是多种利益相互交织的行业。因此，交通运输诚信建设必须从体系化、系统性的角度入手，协调各种交通运输方式下的各类主体关系，以保证交通运输行业健康有序发展为目标，以政府主导、市场参与为模式，构建包含交通运输建设、产品、服务、安全等各个维度的综合诚信体系。

学术剽窃的治理：著作权法及其他[*]

周　琼[**]

摘　要：著作权的私权本质、过错责任原则以及思想—表达的二分，导致著作权法在学术剽窃治理上存在着天然的缺陷。学术剽窃，首先是一个违反学术道德的行为，对于学术剽窃的治理，应当以学术机构的处理为原则，以法律处理为例外。在加强学术共同体建设的基础上，政府部门、学术共同体、科研人员所在单位在各自的职责范围内均应对剽窃等学术不端行为承担治理的责任，同时应该做好顶层设计，强化各主体之间的沟通和合作以形成共识与合力。

关键词：学术剽窃；学术共同体；学术规范

随着互联网以及信息技术的发展，学术剽窃行为越来越方便和容易，同时也被越来越多地发现和曝光。学术剽窃对科学研究的进步、学术的纯洁性、科技资源的配置等均有巨大的负面影响，并且会严重影响社会公众对科学研究的信任。在急功近利的社会氛围中，在巨大的竞争和科研压力下，在经济利益、社会地位等的诱惑下，仅仅依靠科研人员、学者的学术自律已经无法遏制愈演愈烈的学术剽窃行为，因此，综合运用各种手段对学术剽窃进行有效治理，已经迫在眉睫。

一、学术剽窃的界定

剽窃在英文中对应的词汇为“plagiarism”，在《布莱克法律大辞典》中，它是指“故意和心照不宣地将他人的原创性观点或者独创性的表达作为某人自己的来陈述。

* 本文为北京社会建设研究院项目“科研不端行为的防范与治理”的阶段性研究成果之一，项目编号：SHJS2015005。

** 作者简介：周琼，女，北京交通大学法学院讲师。

一般来说，剽窃是不道德的而不是非法的。”①《元照英美法词典》将剽窃界定为“复制或窃取他人的文字或思想以为己作”②。依据美国白宫科技政策办公室（OSTP）的定义，剽窃是指“窃取他人的想法、过程、结果或文字而未给予他人贡献以足够的承认”。③ 由此可见，剽窃行为在主观上是故意的；剽窃的对象既包括文字，也包括观点、思想、过程和结果等；剽窃行为最核心的特征是隐匿出处，“欺骗性因此而成为‘剽窃’的本质”④。剽窃的表现形式多种多样：既包括对原作思想的剽窃，又包括对原作表达的剽窃；既包括对已发表作品的剽窃，又包括对未发表作品的剽窃；既包括全部剽窃，又包括部分剽窃；既包括对尚在保护期的作品的剽窃，又包括对已过著作权保护期限的作品的剽窃；既包括对本国作者作品的剽窃，又包括对外国作者作品的剽窃；既包括同种语言文字之间的剽窃，又包括不同种语言文字之间的剽窃；等等。

学术剽窃，是指对学术作品的剽窃。那么，什么是学术？“学术创造知识或以新的方式使用现存知识解决疑难、回答问题。它被同行广泛交流、证实。学术的种类包括应用、综合、教学和发现……不是所有的智力活动都是学术。只有具备了如下三种成分之一的智力或艺术创造活动才成为学术：公开发表；成为圈内人士严格评价的对象；圈内人士开始使用、参考和发展这些思想和创造活动。”⑤ 由上可知，首先，学术研究通常具有很强的目的性，作为学术剽窃对象的学术作品，具有“创造知识”“解决疑难”或“回答问题”的特点；而文学艺术作品，更多的是作者个人世界观、情感、看法等的表达。其次，学术作品一旦发表出来，就会经历一个与学术圈的其他人交流和被评价的过程，并且评价可能有一个相对客观的标准，可以被证实或者证伪；而对文学艺术作品的评价相对主观。因此，对于学术作品的高低优劣，可能更为重要的是同行评价，这种评价对科研人员的影响巨大。最后，学术思想和创造活动会被使用、参考和发展，也即是说，与文学艺术作品不一样，学术作品中更重要的可能

①［美］布莱恩·加纳：《布莱克法律大辞典》（第8版英文原版），美国West公司2004年版。

②薛波主编：《元照英美法词典》，北京大学出版社2014年版。

③美国医学科学院、美国科学三院国家科研委员会编：《科研道德：倡导负责任的科研行为》，苗德岁译，北京大学出版社2007年版。

④威廉·M. 兰德斯、理查德·A. 波斯纳：《知识产权法的经济结构》，金海军译，北京大学出版社2005年版。

⑤Shulman：《贝勒大学教师教育学院教师学术评价指南》决策简介，劳柳编译，载学术批评网，http：//www. acriticism. com。

是思想，而且这些思想是可以被使用的。正因为学术作品中更为重要的是内容或者思想，学术剽窃直接抄袭他人作品的不多，更多的是使用他人的数据、观点、思想等不注明出处，或者至少是对他人的表达进行了改头换面；而对于学术剽窃的判断，并非通常意义上依靠逐字逐句的比对可以进行，而更多地需要由学术圈的同行结合自己的知识背景等来加以评判。对于学术剽窃者而言，其行为的动机或者目的，在于获取一个与自己能力并不相匹配的“声誉”，以此为自己赢得更强的竞争力。

二、著作权法对学术剽窃的规制及其局限

剽窃是一种典型的侵犯著作权的行为，也是各国著作权法规制的重点。具体而言，剽窃行为可能侵犯作者的署名权、修改权、保护作品完整权、复制权、发行权、演绎权等各种著作人身权与著作财产权。《中华人民共和国著作权法》（以下简称《著作权法》）第 47 条第 5 项明确将剽窃规定为侵犯著作权的行为，但是没有对剽窃进行界定。《中华人民共和国著作权法实施条例》亦没有关于剽窃的定义。①

那么，著作权法上的“剽窃”究竟是什么含义？著作权侵权与剽窃之间究竟是一种什么关系？保罗·戈德斯坦（Paul Goldstein）认为：“该词（指剽窃）通常被大多数人认为与版权相关，但实际上它并非一项法律规则。真正的抄袭是一种道德过错而非法律过错，它仅得由学术权威机构对之进行处理，而非法院。当然，如果被抄袭的作品是受到版权保护的，则未经授权的复制亦构成对于版权的侵害。”② 简单而言，剽窃可以分为侵犯著作权的剽窃和非侵犯著作权的剽窃。剽窃行为若是构成著作权侵权，则是对被剽窃作品的作者的复制权等权利的侵犯；非侵权著作权的剽窃中，更多地侵害的是原作者、读者、竞争者等的利益，以及有损于学术氛围，但并无直接的权利被侵害。甚至有观点认为，“剽窃并不是一个法律范畴；剽窃行为既不是犯罪行

①1999 年国家版权局版权管理司《关于如何认定抄袭行为给青岛市版权局的回复 》第 1 条指出：“著作权法所称抄袭、剽窃，是同一概念（为简略起见，以下统称抄袭），指将他人作品或者作品的片段窃为己有。抄袭侵权与其他侵权行为一样，需具备四个要件：第一，行为具有违法性；第二，有损害的客观事实存在；第三，和损害事实有因果关系；第四，行为人有过错。由于抄袭物需发表才产生侵权后果，即有损害的客观事实，所以通常在认定抄袭时都指经发表的抄袭物。因此，更准确的说法应是，抄袭指将他人作品或者作品的片段窃为己有发表。”此界定主要有三层含义：第一，作为著作权法上的侵权行为的剽窃，需符合侵权的构成要件；第二，剽窃的对象是他人作品或作品的片段；第三，剽窃的作品需已发表。笔者认为，此种界定并不明确，对实践的指导意义也有限。

②薛波主编：《元照英美法词典》，北京大学出版社 2014 年版，第 1057 页。

为，也不是普通法上的侵权行为或者是任何知识产权制定法上的违法行为”①。也正是基于此，有人主张“将剽窃的概念驱逐出著作权法”②。在《著作权法》（修订草案送审稿）第77条中，对著作权侵权行为作了更加概括的规定，并且删除了“剽窃”一词。

那么，著作权法对剽窃的规制存在哪些缺陷？又是什么原因导致的呢？

（一）思想—表达二分法及其局限

通常认为，思想—表达的二分法起源于美国1879年最高法院的Barker V. Selden案。③ 但在本案中，Bradley法官并没有指出思想和表达之间的区别。在Holmes V. Hurst案中，Brown法官在判决书中明确指出了版权保护的客体：“版权法所保护的不是使用某些特定词汇的权利，因为它们是人类共同的财富，像阳光和空气一样不能为私人所有；也不是单独的思想的权利，因为如果缺少交流的手段，思想对作者本身以外的其他人都没有价值。版权法所保护的是作者对词汇的安排的权利，作者用这些词汇来表达思想。”④《美国著作权法》第102条（b）款明确规定：“在任何情形下，都不得将对原创作品的著作权保护延伸至思想、程序、过程、系统、操作方法、概念、原理、发现，不论这些内容在作品中以何种形式阐述、说明、解释或体现。”⑤有学者认为：“思想表达二分法既是版权法最为基本的，也是版权客体制度最为重要的法律原则，是有效确定版权客体范围的基本制度。其基本的含义是版权法只保护思想的表达而不保护思想本身。”⑥ 这一原则将思想置于公共领域，划定了著作权法保护的范围，平衡了私权与公共利益之间的关系。

然而，正如理查德·波斯纳所言：“思想与表达之间的界限经常是不清楚的。”⑦有学者认为，思想与表达的二分“并不是一个预先将某个作品置于公共领域或者作者专有领域之内的原理，而是一种事后描述，用于证明在其他更具体的事实上所得出的结论。因此，如果某个案件判决构成了侵权，作品就被认为是可予保护的表达；如

①威廉·M. 兰德斯、理查德·A. 波斯纳：《知识产权法的经济结构》，金海军译，北京大学出版社2005年版，第79页。

②解恒：《驱逐搅乱著作权法的概念：“剽窃”》，载《华东政法大学学报》2012年第1期。

③Barker V. Selden, 101 U. S. 99 (1879).

④Holmes V. Hurst, 174 U. S. 82 (1899).

⑤《美国著作权法》，杜颖、张启晨译，知识产权出版社2013年版，第10页。

⑥卢海君：《版权客体论》，知识产权出版社2011年版，第1页。

⑦［美］理查德·波斯纳：《论剽窃》，沈明译，北京大学出版社2010年版，第17页。

果判决没有构成侵权，作品就被认定为思想。"①甚至从某种意义上来说，思想与表达的二分，是为了区分什么应该受到著作权法的保护，其并非一个事实判断，而是一个价值判断。虽然作为成文法国家的我国并没有在法律法规中明确规定采纳思想—表达的二分法，但审视近年来有关剽窃案件的判决书可知，"著作权法保护的是思想的表达形式而不是思想本身"②这一观点已经普遍被法院采纳作为判案的依据。此外，即便被诉侵权作品与原作品采用了若干相同的文字表达，在实践中，法院也有时候会以"相关内容的客观性以及表达形式的有限性"为由，认为不构成剽窃。但是，剽窃的对象并不仅仅限于作者具有独创性的表达，还包括思想、观点、过程、结果等，因此，从这个角度来说，著作权法对学术剽窃的治理存在着局限。

正如牛顿所言，"如果说我比别人看得更远些，那是因为我站在了巨人的肩膀上"。这一点，在学术作品中表现得尤为明显。文学艺术作品更多的是依赖个人的生活体验、创造力和才华，而学术研究更多的是一个积累和渐进的过程，前人的学术思想、学术成就对后人的研究具有重要的意义。因此，制度的设计一方面需要促进新的思想的创造，另一方面也需要有利于思想的传播。后者通过著作权法的"思想—表达"二分以及"不保护思想"可以实现，而前者则要求后续研究者在使用前人思想时履行归认来源的义务，以保护原创的思想；这一点，需要通过治理对思想的剽窃来实现。

（二）过错责任原则及其局限

著作权侵权采取何种归责原则，在理论和实践中仍然是一个有争议的问题。以郑成思教授为代表的一派学者认为，知识产权侵权应当适用无过错责任原则。③著作权属于知识产权的一种，自然也适用无过错责任原则。但大多数学者还是认为，知识产权侵权应当适用过错责任原则。具体理由包括：第一，过错责任原则能更好地适应知识产权法的立法目的；第二，我国现行法采用的是过错责任原则；第三，外国法和有关国际公约主要采用的是过错责任原则。同时认为，无过错责任原则与损失分配的理念相悖，并且不利于社会经济文化的发展。④在实践中，有法官主张在以过错责任原

①Edwards Samuels, "The Idea-Expression Dichotomy in Copyright Law", 56 Tenn. L. Rev. 324 (1989). 转引自李雨峰：《思想/表达二分法的检讨》，载《北大法律评论》2007年第8卷第2辑，第435页。

②北京市第二中级人民法院民事判决书（2006）二中民初字第06122号。

③郑成思：《侵害知识产权的无过错责任》，载《中国法学》1998年第1期。

④张玉敏：《侵害知识产权民事责任归责原则研究》，载《法学论坛》2003年第3期。

则作为基本归责原则的基础上，结合侵权行为的种类和民事责任的类型来具体考虑。①

依据侵权责任法的一般原理，过错责任原则是基本的归责原则；只有在法律有明确规定的情况下，才适用无过错责任原则。《著作权法》第47、48条并没有明确规定著作权侵权适用无过错责任原则，因此，著作权侵权应当适用过错责任原则。此外，剽窃是“故意和心照不宣地将他人的原创性观点或者独创性的表达作为某人自己的来陈述”，因此，构成剽窃主观上必须为故意，无论是直接故意还是间接故意。依据民事诉讼法上的“谁主张谁举证”的举证责任承担规则，为证明剽窃的存在，被侵权人需要证明行为人主观上为故意。然而，在现实中，“……当剽窃者被抓住的时候，他们无一例外地辩称自己的剽窃是无意识的……甚至有一个词语是用来形容无意识剽窃的——‘隐藏的记忆’（cryptomnesia）。它指的是剽窃者读过什么东西，但却没记住他曾经阅读过这个东西”②，这就给原告的举证带来了很大的困难。虽然，“心理学家考察了这种现象，但没有发现证据，证明人们能够背诵出别人撰写的整段内容，同时却认为这是他自己写的，即没有这样的证据：照相机式的记忆里忘记了照相的行为”③。也就是说，对于行为人而言，存在阅读了他人的作品，吸收了他人作品里的思想，而误认为是自己的思想的可能性；如果是“别人撰写的整段内容”，即完全相同的表达，则不可能存在“无意识的剽窃”的可能性。从证据的角度，这是一种过错推定，只有行为人所剽窃的是整段的内容时，才能够推断出其主观上存在故意。但现实中，学术剽窃的行为人往往只是剽窃他人的思想，有时候无法具体确认思想的来源，作者无法履行“归认来源”的义务。此外，法律要求具有确定性，有证据证明，而对于思想的抄袭，作者可以以“无心之失”为由抗辩，因此就无法满足“剽窃”认定中“故意”这一要求。这也导致著作权法对学术剽窃的治理存在缺陷。

（三）著作权的私权本质及其局限

著作权法通过赋予作者财产性权利，而将具有独创性的表达划为私人领域，且给

---

①蒋志培：《TRIPS肯定的知识产权侵权赔偿的归责原则和赔偿原则》，载《法律适用》2000年第10期。

②［美］理查德·波斯纳：《论剽窃》，沈明译，北京大学出版社2010年版，第113页。

③［美］理查德·波斯纳：《论剽窃》，沈明译，北京大学出版社2010年版，第113页。

予一种排他性的保护。因此，从本质上而言，著作权是私权，著作权法是私法。① 私权利是行为人可以自由处分的。虽然我国刑法也规定了侵犯著作权的犯罪，但是要求行为人必须是故意而且具有营利的目的，而学术剽窃往往不具有营利的目的。因此，即使可能涉嫌侵权的作品构成了著作权法意义上的剽窃，但是如果没有被发现，或者被发现之后被侵权人没有采取协商、仲裁、诉讼或者其他方式去主张自己的权利，那么著作权法对此是无能为力的。虽然，如本文开头所言，剽窃行为被越来越多地发现和曝光，但是相对于愈演愈烈的剽窃之风而言，毕竟还是少数；此外，即使剽窃行为被曝光，著作权人也有可能出于某些考虑并不向剽窃者主张权利。再则，如果被剽窃的作品作者已经去世且无继承人，或者作品已经过了保护期，或者是将外国作者的作品翻译成中文并作为自己作品的一部分或者自己的作品发表，则可能无人去主张权利。这些情况下，虽然都构成了剽窃，但著作权法无法对其加以治理。

另外，学术剽窃侵犯的客体，不仅仅是作为私权利的著作权，还包括剽窃行为人所在单位的荣誉、国家的科研秩序、创新的氛围与环境等，但是这些行为却又没有严重到需要刑法来制裁的程度。这种法律治理的缺失，导致学术剽窃行为无法得到规制，进而造成剽窃的进一步泛滥。

著作权的私权本质、过错责任原则以及思想—表达的二分，导致学术剽窃行为在著作权法上很难得到规制。实践亦表明，很多在学术圈内已有定论之剽窃行为，在进入到法院著作权纠纷审理程序时，并不能得到认定。剽窃首先是一个道德问题，而法律只是最低限度的道德。因此，在剽窃行为的规制上，法律应当保持适当的谦抑性。其次，从法律经济学的成本收益的角度分析，“剽窃造成的损害太过轻微了，尚不足以确保能够启动昂贵且笨拙的刑法机器。而且，剽窃者很少拥有那么充分的资产，以至于即便剽窃在某一特定的案件中造成的损害可以通过金钱加以赔偿，也不太可能成为使起诉者有利可图的事情，何况剽窃的损害通常是不能通过金钱来赔偿的。剽窃因此是一种最好交由非正式的、私人的制裁来处罚的过错。”②

①与专利权、商标权必须经过行政机关授权不同的是，著作权采用创作取得主义；与商标法、专利法相比较，著作权法的公法色彩更少。

②［美］理查德·波斯纳：《论剽窃》，沈明译，北京大学出版社2010年版，第41页。

三、著作权法以外的治理

"学术自由是从事学术活动的人的基本精神环境。"① 然而，"象牙塔里绝对不是真空，没有规则的约束，沙尘暴照样肆虐学术界"②。创造知识、探索规律、解决问题的学术活动需要以学术自由作为基础，同时也需要规范来为其提供秩序、空间、指引和预警。因此，"就对学术进步和学术发展的保障机制而言，学术规范与学术自由几乎不相伯仲"③，尤其是在目前这种急功近利、浮躁、无序的社会环境下，强调学术规范之于学术研究的意义更是自不待言。总之，学术自由与学术规范是一对复杂的矛盾体，在实践中，规则的制定需要平衡二者之间的关系，以维护学术研究的基本秩序，促进知识的创造与积累。

在学术剽窃的治理问题上，同样需要认真对待学术自由与学术规范之间的关系，正确处理自律与他律之间的关系。如前文所言，著作权法在剽窃的治理问题上，存在着固有的缺陷，需要其他的规范来对剽窃行为加以约束。

（一）行政机构的治理

虽然我们一直在强调学术研究的"去行政化"，并且通说观点认为，行政化是导致学术不端行为产生的重要原因。④ 但不可否认的是，在我国目前的科研体制下，行政机构掌握着主要的学术资源⑤，直接决定着研究人员的奖励、升迁以及相应的工资待遇等。在这种背景下，行政机构查处对以剽窃为代表的学术不端行为，进而采取曝光、禁止申报课题、禁止参与评奖、禁止职称评审等措施，对于科研人员具有较强的威慑力和制约作用。

从世界范围来看，美国、丹麦、挪威等国建立了政府主导下的科研不端行为治理模式。⑥ 作为这一模式的代表，1989 年美国卫生部设立了"科学道德建设办公室

---

①郑永流：《学术自由及其敌人：审批学术、等级学术》，载《学术界》2004 年第 1 期。

②毛寿龙：《学术规范何以可能》，见杨玉圣、张宝生主编：《学术规范读本》，河南大学出版社 2004 年版，第 245 页。

③杨玉圣、张宝生：《学术规范导论》，高等教育出版社 2004 年版，第 8 页。

④张万宽、陈佳：《网络和组织理论视野下的大学治理——兼论我国高校去行政化》，载《清华大学教育研究》2011 年第 1 期。

⑤随着我国综合国力的不断提高，国家在科学研究方面的投入越来越大，其中相当多的投入是竞争性与排他性的，这就导致拉项目、跑课题成为了学术机构和科研人员的头等大事。

⑥胡剑、史玉民：《欧美科研不端行为的治理模式及特点》，载《科学学研究》2013 年第 4 期。

（OSI）”，同时国家健康研究院也设立了“科学道德审查办公室（OSIR）”；这两个机构于1992年合并改组为研究诚信建设办公室（ORI），负责对科研不端行为的调查和处理。① 对于与剽窃的判断紧密相关的引证、参考文献、致谢等问题上，ORI制定了专门的标准②，用以指导科研人员的科研活动。此外，国家科学基金会总检察长办公室（OIG）是美国政府部门设立的独立监督组织，主要负责监督科研项目的运作，同时也负责对科研不端行为指控的调查。

2007年我国科技部成立了科研诚信建设办公室，依据《国家科技计划实施中科研不端行为处理办法（试行）》第7条的规定，其主要职责是：接受、转送对科研不端行为的举报；协调项目主持机关和项目承担单位的调查处理工作；向被处理人或实名举报人送达科学技术部的查处决定；推动项目主持机关、项目承担单位的科研诚信建设；研究提出加强科研诚信建设的建议；科技部交办的其他事项。此外，科技部、教育部、中国科学院、中国工程院、国家自然科学基金委员会、中国科学技术协会六个部门和单位还建立了科研诚信建设部门联席会议制度。联席会议的主要职责是，指导全国科技界科研诚信建设工作，研究制定科研诚信建设的重大政策，通报各部门科研不端行为的查处情况，督促和协调有关政策和重点工作的落实。例如，2017年6月5日，科研诚信建设第六次会议专题研究处理论文造假工作，就我国科研人员107篇论文被《肿瘤生物学》集中撤稿这一轰动国内外的事件的调查处理和联合惩戒工作进行了通报。

行政机构对学术剽窃的治理方式，主要有两个方面：一是制定相应的规范和政策，教育部出台了《教育部关于加强学术道德建设的若干意见》（2002年）、《高等学校预防与处理学术不端行为办法》（2016年），原科技部出台了《国家科技计划实施中科研不端行为处理办法（试行）》（2007年，以下简称《科研不端行为处理办法》）等；二是负责对学术剽窃行为的调查和处理。此外，行政机构还承担科研诚信建设的相关职责。结合行政机构对剽窃行为的治理程序可知，虽然行政机构通常是在接到关于学术剽窃的举报后才会启动相应的调查处理机制，但举报人并不限于被剽窃者，因此，可以弥补著作权私权本质的局限性，这是行政治理的优势之一。正如前文

①关于美国科研诚信办公室的相关信息，可参见其官网 https：//ori. hhs. gov/。

②［美］尼可拉斯·H. 斯丹尼克：《科研伦理入门——ORI介绍负责任研究行为》，曹南燕等译，清华大学出版社2005年版，第129页。

所言，学术剽窃，不仅包括对文字进行逐字逐句地抄袭这种显而易见的方式，还包括对观点、思想、过程和结果等的剽窃，因此，在很多情况下，我们并不能依靠比对表达来判断剽窃是否成立，而更多地需要由学术圈的同行结合自己的知识背景等来加以评判。这种专业性导致行政机构在处理有关学术剽窃的问题时，需要依赖学术共同体成员的专业知识。例如，《科研不端行为处理办法》第20条规定："调查机构应当成立专家组进行调查。专家组包括相关领域的技术专家、法律专家、道德伦理专家。……"第26条规定："调查机构根据专家组的调查报告，做出处理决定。"因此，即便是行政机构对于剽窃的治理，也必须以学术评价作为前提。然而，目前我国的这种学术评价为行政权力部门服务的评价体制①，很难保证评价的客观、公正和科学。另外，现实中，也有这样的现象：即使学术圈已经公认构成剽窃，但是并不影响该学者的升迁、奖励、荣誉等的获得。因此，学术剽窃的判断，一方面，以学术评价作为前提；另一方面，这种学术评价是一种得到官方认可的评价，否则无法作为处理的依据。

我国行政主导学术的体制，对于剽窃的治理，既有其有利的一面，即具有较强的威慑力，依据举报即可查处的制度能够更好地发挥学术界的积极性，但也有其弊端，如存在学术评价与官方评价处理既相互依赖又相互背离的现象，这个弊端的克服，需要充分发挥学术共同体在处理剽窃问题上的作用。此外，我国并没有统一的处理学术剽窃行为的行政机构，教育部、科学技术部、各级各类基金会等都在各自的职责范围内承担相应的职责。例如，科技部门查处学术剽窃行为，而科研人员人事管理多属于教育行政部门的职能，因此很难对此实施有力的惩戒；各级各类基金会处理学术剽窃行为时，也往往只能采取取消立项、收回科研经费、禁止该科研人员若干年内申报本基金会的课题等惩戒方式，同样存在威慑力不足的问题。②

（二）学术共同体的治理

学术共同体是近年来的一个热门词汇。什么是学术共同体？按照韩启德先生的说法："所谓的学术共同体就是指一群志同道合的学者遵守共同的道德规范，相互尊

---

①朱剑：《科研体制与学术评价之关系——从"学术乱象"根源问题说起》，载《清华大学学报》（哲学社会科学版）2015年第1期。

②胡志斌：《学术不端行为的法律规制研究》，法律出版社2014年版，第63－65页。

重、相互联系、相互影响，共同推动学术的发展，由此而形成的群体。”① 李剑鸣教授认为：“它是由学者以专业为基础自愿结成的众多学术团体、学术刊物和学术会议组合而成的。专业性和自律性是这种学术共同体的特点。”② 由上可知，学术共同体包括专业学会、学术刊物、学术会议等。在我国，因为不同的体制安排，在西方被认为是学术共同体组成部分之一的高校、科研机构，承担了相当的行政职能，并且实行行政化的管理，很难简单地将其归为学术共同体或者行政机构。

由于学术研究的高度专业化、复杂化和异质化，行政机构不具备专业知识，也很难全面掌握科研不端行为的全部信息，因而很难做出准确的判断。所以，由学术共同体对包括剽窃在内的科研不端行为进行治理，更加具有专业性。此外，由前文可知，“公开发表；成为圈内人士严格评价的对象；圈内人士开始使用、参考和发展这些思想和创造活动”是学术的特征，因此，对于学术成果而言，最为重要的是同行的评价；并且学者不惜代价进行剽窃，往往是为了在学术圈中获得更好的评价和声誉，进而获得更大的竞争力，所以学术共同体对剽窃的治理通常也具有一定的威慑力。

作为中国科技工作者的群众组织，中国科学技术协会的职能之一是“推动建立和完善科学研究诚信监督机制，促进科学道德建设和学风建设”，并于2007年颁布了《科技工作者科学道德规范（试行）》。学术刊物作为某一领域内学术成果的展示，一般也会制定学术文章的遴选机制以及编辑、注释规范，同时涉嫌学术剽窃的文章既可以通过退稿来处理，也可以在文章已经刊发后通过撤稿、刊发声明、取消作者若干年内在本刊发表文章的资格等方式处理。尤其是后一种处理方式，可能会导致该学者学术声誉受损，学术职务被撤销等比较严重的后果，对学者具有较强的威慑力。

学术共同体对学术剽窃的治理，可以弥补行政机构的非专业性缺点，而且学术共同体制定的职业准则，往往远高于行政机构制定的标准。然而，不可否认的是，在我国目前的体制下，学术共同体对学术剽窃的治理，也存在着固有缺陷：首先，学术共同体并非行政机构，发现学术剽窃行为后，其处理的手段非常有限，是否采取后续诸如撤销相应的职务或者解聘、辞退等实质性处理方式，则由行政机构或者学者所在单位来判断，这就导致学术共同体对剽窃治理的威慑力只是一种间接的威慑力。其次，

①韩启德：《学术共同体当承担学术评价重任》，载《光明日报》2009年10月12日，第010版。

②李剑鸣：《自律的学术共同体与合理的学术评价》，载《清华大学学报》（哲学社会科学版）2014年第4期。

在我国，学术共同体的评议越来越多地介入学术资源和利益的分配当中，在这样一个熟人社会中，在对包括剽窃在内的学术不端行为的判断上，学术共同体内部也可能会存在“你好我好大家好”的好人心态，同时也可能存在着行政机构对学术共同体的不当影响或者干预的状况。因此，有学者认为，我国并不存在真正意义上的学术共同体，所谓的同行评议制度也往往流于形式，其对学术剽窃的治理效果也不尽如人意。

（三）科研人员所在单位的治理

科研人员所在单位，是与科研人员关系最为密切的机构，在我国，主要包括各高等院校、科研院所等。正如前文所言，由于我国体制的特殊性，高校、科研院所一般不属于学术共同体的范畴。

高等院校、科研院所对剽窃的治理主要体现在如下几个方面。

第一，制定学术规范。在美国，几乎所有的高校都会制定自己的学术规范。这种学术规范不只约束教学科研人员的科研行为，也约束学生日常的作业、考试等行为。按照方流芳教授对普林斯顿大学《学术诚信守则》和哈佛大学 Andreas Teuber 教授讲义的研究，这些高校将学术剽窃分为四种类型：①逐字剽窃或引用原文而无引证；②从他人作品中摘取段落和单句或短语而不显示出处；③改写原文而保持原文段落或文句的结构；④用他人的观点而隐去出处。[①] 除了学校层面外，有些学院还制定了自己关于剽窃治理的规范。例如，*Seton Hall University School of Law Honor Code* 就明确指出：“故意或过失地提交剽窃的作品，以获得学分或者赢得竞争是不被允许的。‘剽窃的作品’是指任何使用 15 个及以上连续的单词而没有使用引号以及对该材料的来源做出引证，或者任何实质依赖他人的观点或者表达而没有合适的归认来源。”[②] 由上可知，美国高校对剽窃的界定非常清楚、明确，不仅规定了哪些行为属于剽窃，甚至具体到多少个单词相同就构成剽窃，可操作性非常强。反观我国，大多数高校和科研机构都出台了以“学术不端行为处理办法”“教师学术道德规范”“科学道德自律准则”[③] 等命名的文件，但相对比较简单，在具体操作问题上，还需要学术委员会等机构结合相应的规范及专业知识来判断。

①方流芳：《学术剽窃和法律内外的对策》，载《中国法学》2006 年第 5 期。

②*Seton Hall University School of Law Honor Code*, 3.01（b）.

③参见《北京大学教师学术道德规范》《清华大学教师学术道德守则》《复旦大学学术规范及违规处理办法（试行）》《北京交通大学学术不端行为处理办法》《中国科学院院士科学道德自律准则》《中国工程院院士科学道德守则》等。

第二，对以剽窃为代表的学术不端行为进行处理。高校、科研机构对学术不端行为的处理，一般由学术委员会及其下设的学术道德委员会按照相应的程序来进行处理。对构成剽窃等学术不端行为的，可以采取责令向有关个人或单位公开赔礼道歉、补偿损失，暂缓学术晋升，撤销获得的有关奖励或其他资格，进行警告、记过、降级、撤职、解聘、开除等处罚。高校对剽窃等科研不端行为的处理，尤其需要注意程序问题。例如，北京大学对涉嫌抄袭的于某某作出的撤销其博士学位的决定。海淀区法院在一审中，以“北京大学在作出《决定》前未充分听取于某的陈述和申辩，有违正当程序原则”以及“未能明确其所适用的具体条款”而判决撤销该决定。① 二审亦维持了原判②。当然，北京大学可以在纠正程序问题后，再作出处理决定。

科研人员所在单位对学术剽窃的处理，同样也存在软肋。首先，在当前这种以科研项目、科研经费、论文数量为评价指标的排名竞争环境中，科研院所、高等院校即使发现科研人员存在剽窃等科研不端行为，也往往持有一种“家丑不可外扬”的心态，掩盖、庇护科研人员的行为。相当多的科研不端行为都是在经媒体曝光并引起了广泛的社会关注后，相关单位才不得已对其行为进行处理。其次，科研机构并没有立法权，其所出台的规范，效力层次比较低，对剽窃等学术不端行为的处理，往往需要依据准合同的方式来进行——科研人员对其所在单位负有不剽窃的义务，这也导致其效力不足。

四、结论：多管齐下的治理

学术剽窃更多的时候是一个道德问题而非法律问题，且由于著作权法自身的特点，其在对学术剽窃治理的问题上，存在着天然的局限性。因此，对于学术剽窃，应当以学术权威机构（包括学会等学术共同体以及科研机构）的处理为原则，以法律处理为例外。科学研究具有相当程度的不确定性，需要整个社会给予其适当的宽容。因此，对学术剽窃的惩罚，无论是从目的还是从手段的角度，都需要适度，既不能放任自流，也不能“踩在脚底，让其永世不得翻身”。

在学术剽窃是否成立的问题上，无论是政府部门、学术共同体还是科研人员所在

①海淀区法院（2015）海行初字第 1064 号。

②北京市一中院（2017）京 01 行终 277 号。

单位，都需要依赖专业的判断和评价。同时，学术本身具有公开发表和供学术圈评价的特征，这是由学术本身的特点所决定的。在实践中，起源于欧美的同行评议制度，由于权力部门的过度介入、学术问题的“人情化”以及学术标准的缺失，在我国出现了异化。① 此外，同行评议制度作用的发挥，依赖于独立且自律的学术共同体的建立。② 然而，我国目前尚未形成真正意义上的所谓学术共同体，这是目前剽窃肆虐以及对剽窃的治理存在巨大问题的重要原因。因此，加强学术共同体的建设，是治理学术剽窃的基础。

政府部门、学术共同体、科研人员所在单位在各自的职责范围内均对剽窃等学术不端行为承担治理的责任，各主体之间相对而言是彼此独立的。这种治理方式，有利于发挥各主体自身的优势，但由于缺乏顶层设计，各主体之间没有建立起相互之间的有效联动、各自为政，导致治理的效果很难达到预期。这种各自为政，不仅体现在政府部门、学术共同体、科研人员之间，也体现在这三类主体内部；不仅体现在对学术剽窃行为的制裁上，也体现在对学术剽窃行为的预防和学术诚信教育上。在这方面，欧美国家有值得借鉴的经验。例如，美国采用了科研诚信教育与科研经费获取相结合的模式，先后颁布了多种政策文本，推动基层科研机构和职业团体在科研诚信教育中作用的发挥。③ 因此，在学术剽窃的治理上，做好顶层设计，加强各主体之间的沟通和合作以形成共识与合力，以是否有查处机制和学术教育机制作为给予科研经费的依据等均是可以着力的方向。

①李剑鸣：《自律的学术共同体与合理的学术评价》，载《清华大学学报》（哲学社会科学版）2014年第4期。

②林培锦：《西方学术共同体的形成及其与同行评议的关系》，载《福建师范大学学报》（哲学社会科学版）2012年第5期。

③王阳、王路昊：《略论美国科研诚信教育政策内在机制》，载《科学学研究》2010年第12期。

智能交通违章监控管理系统信息公开制度研究*

马　宁**

摘　要： 智能交通违章监控管理系统又称“电子警察”，已经成为确保我国道路交通安全的重要监管手段之一。本文首先梳理了我国电子警察系统信息公开的现状，认为各地区对电子警察的设置地点普遍予以公开，但是对于该系统的具体用途则多数不公开，继而从电子警察设置的目的、行政公开原则的内容以及政府信息公开制度的角度论证了电子警察系统信息全面公开的合理性，并在此基础上提出了相应对策。

关键词： 智能交通；电子警察；信息公开

智能交通系统（Intelligent Transportation System，ITS），是指有效集成先进的信息技术、数据通信传输技术、电子传感技术、控制技术及计算机技术等手段，大范围、全方位综合管理地面交通运输的系统。智能交通系统具有实时、准确、高效的特点。智能交通违章监控管理信息系统是智能交通信息系统的一个分支，俗称“电子眼”或者“电子警察”，是指利用上述技术手段对机动车闯红灯、逆行、超速、越线行驶、违例停靠等违章行为，实现全天候监视，捕捉车辆违章图文信息，并据此进行事后处理的系统。智能交通违章监控管理系统自诞生以来，对公路交通安全所发挥的保障和警示作用有目共睹，但随着该系统的广泛应用，相关的问题也逐渐显现。本文拟讨论智能交通违章监控管理系统设置信息公开的必要性以及对公路交通安全的影响。

---

* 本文为“北京市公共交通安全法律问题研究”研究成果，项目编号：J17I00030。

** 作者简介：马宁，女，北京交通大学法学院讲师。

一、我国智能交通违章监控管理信息系统信息公开的现状

电子警察作为一种现代的执法手段，是行政执法与现代技术的结合，人们认为电子警察的设置能够缓解警力的不足，不仅如此，和人力执法相比电子警察可以全天候瞬间抓拍，更加高效和公正，在对交通违章行为处分的同时，还能形成广泛的威慑和预防。我国自 1997 年深圳市公安交通管理局首先引入“闯红灯自动拍照仪”起①，针对不同类型交通违法行为的交通违章监管设备已广泛安装使用于各类公路交通，是道路交通安全不可或缺的保障。但是，电子警察执法的特点在于其取证之后并非立即执法，而是形成图文记录，并据此做出事后处罚决定。比较而言，现场执法和处罚，则经过了表明身份、说明理由以及听取当事人辩解等环节，而这些程序可以确保行政处罚是双方或者多方的意见交流之后所形成，这在电子警察的执法中是无法实现的。“程序不应该仅是流程或者手续，它必须蕴含着保障相对人权利的机制。”② 因此，围绕电子警察的所有理论质疑和完善建议均由此展开，电子警察系统的信息公开是其中应有的内容之一。

交通违章行政处罚行为作为行政行为的一种，应当符合行政程序法上的规定。根据《中华人民共和国行政处罚法》的规定，无论是简易程序还是一般程序，执法人员都要表明身份，即行政主体和公务人员在正式做出行政行为之始，应当向相对人出示必要证件、展示必要标志等，证明其享有某种职权并正在或者即将开始行使该权力的程序③。表明身份制度是行政程序法的基本制度之一，可以确保相对人知晓执法人员身份，免于假冒身份人员的侵害；同时表明身份也有利于相对人对行政权的行使进行监督。如上文所述，电子警察在采集违法信息作为行政处罚依据的过程中，相对人同样有权利知晓对方行政行为的开始并同样需要对行政权力一方形成监督，但是，电子警察不可能像人力执法一样表明身份，因此类似的功能承担就交由行政程序法的另外一项基本制度，即政府信息公开制度。按照《中华人民共和国政府信息公开条例》的规定，交通管理执法部门作为行政执法部门在履行职责的过程中所形成或者获取的

---

①岳光辉、余沙沙：《论“电子警察”执法中证据材料采集制度的完善——以高速公路上电子警察对超速行为取证为例》，载《湖南公安高等专科学校学报》2008 年第 20 卷第 4 期。

②余凌云：《行政法讲义》，清华大学出版社 2010 年版。

③杨临宏：《公共管理法律原理》，高等教育出版社 2016 年版。

信息应当依申请或者主动公开。2008 年 11 月修订的《道路交通安全违法行为处理程序规定》第 16 条规定："交通技术监控设备的设置应当遵循科学、规范、合理的原则，设置的地点应当有明确规范相应交通行为的交通信号。固定式交通技术监控设备设置地点应当向社会公布。"这一规定正是信息公开制度在交通违章智能监控领域内的体现。我国各省市交通管理部门大都通过政府网站、新闻报道等形式定期对电子警察的设置信息予以公开。但是，就所公开信息的内容而言，各城市或者地区则不尽相同：它们基本上都会对设置固定式电子警察的区县及具体的街道分布予以公布，但对于这些设备的具体用途，除了极少数城市地区予以详细公布甚至辅以照片外①，一般则不予以公示，或者仅在公布设备所在位置的基础上笼统解释同一批固定式交通技术监控设备的所涉用途②。这一仅公开电子警察设置地点同时免去监控用途的做法，是为了防止有经验的违法人员提前知晓具体的监测类型以有针对性地逃避处罚。

二、智能交通违章监控管理信息系统信息公开的必要性

电子警察执法信息的公开局限于执法仪器设置地点而不包括具体监测类型，的确能够避免一些机动车驾驶人员提前调整行为，规避法律监管。但是考虑到电子警察监控系统设置的根本目的、行政公开的基本原理以及政府信息公开的含义，智能交通违章监控管理信息系统公开应当是包括电子警察设置地点以及具体用途的全面公开。

首先，电子警察用途公开是由电子警察监控系统设置的根本目的决定的。电子警察的主要功能在于对于闯红灯、逆向行驶等若干违反交通法规的行为予以监控、抓拍并据此做出处罚。由于城市电子警察的大规模应用，以及其自身具备的全天候工作特点，衍生了电子警察的威慑预防功能，即电子警察的存在能够提示行为人注意自身行为，预防违法行为的发生。无论是电子警察监控与处罚的功能预设，还是其威慑与预防的衍生功能实现，最终都指向交通执法的根本目标，即减少违法行为的发生。对照这一根本目标，监控和预防都是一种手段。因此，对电子警察设置的信息全面公开，提示其执法所针对的具体行为，表面上看是会导致一部分人提前知晓信息而对自己的

---

①《全市人脸识别抓拍"行人闯红灯"电子警察设备增至 4 套》，载上海市公安局交通警察总队交通安全综合服务管理平台网站，http：//sh. 122. gov. cn/cmspage/jgzx/2017 －08 －04/20170804003669. html，2017 年 9 月 10 日访问。

②《256 处新型"电子警察"上岗可抓拍不系安全带等违法行为》，载北京市公安局公安交通管理局网站，http：//www. bjjtgl. gov. cn/jgj/95332/540328/index. html，2017 年 9 月 10 日访问。

行为有所注意，在结果的层面上却没有为执法人员所发现处理，而且从另外的角度看，信息的公开只不过把监控执法转换成了预防，也同样可以实现减少交通违法行为保障道路交通安全的目的。尤其考虑到一部分电子警察设置的地点本身就是某些交通违法行为的多发之地，对电子警察的设置地点和具体用途一并公布，能够提前形成威慑，这种预防交通违法行为的方式既可以实现交通安全的目标，和监控抓拍处罚的方式相比还可以减少处罚部分的工作量，效果更好。

其次，电子警察用途公开是行政公开原则的必然要求。作为行政行为的一种，电子警察的工作流程涵盖了交通执法的全部过程，是对相对人做出行政处罚的依据。根据行政公开原则的规定，除了法律明确应当依法保密的内容，行政权力运行的依据、过程和结果应当向相对人和公众公开，使相对人和公众知悉。行政执法行为因为具有电子警察的监控和记录即将成为行政处罚的依据，行政相对人的行为会据此受到评判，该相对人有可能对上述决定提出异议，因此相对人应当有权知晓电子警察的存在以及其执法的能力——表现为该设备的用途，以便于其对行政行为做出判断。2017 年年初国务院办公厅出台了《推行行政执法公示制度执法全过程记录制度重大执法决定法制审核制度试点工作方案》，虽然其中并没有涉及“电子警察”问题，但从方案中试点的领域和强调的重点可以推知作为行政处罚一部分的电子警察用途信息公开的合法合理性。

最后，电子警察用途公开是广义的政府信息公开制度的一部分。尽管行政法学理论中对政府信息公开的概念仍有争论①，但电子警察用途的相关信息，从公布主体和信息内容上看都应当属于政府信息的一部分。对这些信息行政机关予以主动地公布，能够满足公众的知情权——公众应当对其利益相关的电子警察设置用途信息及时准确地知悉了解；不仅如此，信息的透明公开，也能够对行政行为形成监督，而这正能回应电子警察设置是否合理、取证方式是否合法等诸多疑虑，实际上加强了电子警察的执法效果。

三、我国智能交通违章监控管理信息系统信息公开的完善

如上文所述，对于电子警察信息公开的程度各个城市和地区有所不同，那些对信

①段尧清、汪银霞：《政府信息公开机制研究》，高等教育出版社 2014 年版，第 11 页。

息予以全面公开的城市，能够证明电子警察的用途信息既不属于禁止公开的信息，也没有导致纵容违法行为的效果。相反，设置地点和用途信息一并公开可以通过警示作用规范人们的行为，减少交通违章行为，确保道路交通安全，而这正是交通处罚所期望达到的目标。因此，各交通管理部门应当以部门规章等的形式将智能交通违章监控管理信息全面公开的问题加以规定，明确公开信息的范围、实现以及具体方式。各地区交通管理部门应当通过政府信息平台、网站、微信公众号等多种方式主动、及时、全面公开各类信息，形成预防警示为主、行政处罚为辅的交通违章监控体系。

无人驾驶汽车的法律冲突探究

王心钰　张长青*

摘　要：我国现阶段，无人驾驶汽车领域涉及的许多法律问题仍处于空白阶段，现行法律不足以解决无人驾驶汽车当前上路测试及未来进入市场、上路行驶、发生事故等状况下可能产生的诸多问题。面对无人驾驶技术的逐渐成熟，为适应、引导无人驾驶汽车这一未来汽车的发展趋势，应加快无人驾驶汽车立法的探索进程，推动我国无人驾驶汽车的实践与发展。

关键词：无人驾驶汽车；自动驾驶；责任主体

2017年7月5日，百度首席执行官李彦宏视频直播了其乘坐无人驾驶汽车驶上北京五环路的情形，此举将我国无人驾驶汽车领域的发展近况拉入公众视野。目前全球多家公司参与研发、推广无人驾驶技术。国防科技大学研制的无人驾驶汽车红旗HQ3，2011年便完成高速公路自主驾驶测试。百度预测其旗下无人车可“3至5年内实现商用和量产”。科技飞速发展对固有滞后性的法律造成了挑战，如何通过法律合理规制无人驾驶汽车的研发、使用，使科技进步更好地增加社会福祉，推动社会进步，俨然成为一个重要课题。

一、无人驾驶汽车对现行法律的挑战

（一）与驾驶证、牌照等制度不兼容

按现行相关道路交通法律法规，驾驶证制度通过保证驾驶人操作技能合格，维护行驶安全，减少事故发生。而无人驾驶状态下，车辆完全由电脑智能控制，驾驶技能

---

*作者简介：王心钰，北京交通大学法学院硕士研究生；张长青，北京交通大学法学院教授。

不再是操控车辆的必备条件。此外，人类很难完全相信电脑控制比人类驾驶更安全，无人驾驶汽车作为新型汽车需要特殊牌照。

（二）责任主体的认定不适用现行法律

我国法律处罚道路交通违法行为和认定机动车事故成因主要围绕当事人是否存在过错、车辆所有人是否尽到应尽义务和汽车制造商生产的车辆是否达到质量标准进行。无人驾驶状态下，驾驶人不存在过错，法律责任主体可能涉及汽车制造商、网络提供者、智能系统开发方等多方主体。此外，事故还可能由智能系统受到网络入侵、黑客攻击等因素造成。

（三）对个人隐私的挑战

无人驾驶汽车使用智能联网系统，实现车辆与人、其他车辆、道路等外界的信息交换，进行定位、导航。① 车辆行驶数据和乘车人隐私暴露于网络环境下，数据安全和个人隐私保护问题凸显。

（四）对保险制度的挑战

事故风险负担主体转变，且潜在风险不明确，保险制度也需随驾驶技术的发展而发生改变。

（五）与交通肇事罪的冲突

无人驾驶状态下，驾驶人对交通事故没有过失，其行为与法律后果之间不存在因果关系。此时认定交通肇事罪违反刑法罪责性相适应原则，也与该罪的内在要求不相适应。

二、国内外无人驾驶汽车立法及制度设计

法律的滞后性在世界范围内相通，为引导无人驾驶相关产业发展，各国纷纷制定或拟修订相关法律。国外的在先立法值得我们跟踪关注、参考。

2016 年 3 月 23 日，联合国欧洲经济委员会宣布《国际道路交通公约（维也纳）》，允许驾驶员在可选择打开或关闭无人驾驶功能的情况下完全应用自动驾驶。

2016 年 9 月 20 日，美国国家公路交通安全管理局发布了《联邦自动驾驶汽车政

①Cyrus Pinto, *How Autonomous Vehicle Policy in California and Nevada Addresses Technological and Nontechnological Liabilities*, 5 (1) Intersect 1 – 16 (2012).

策》，确立了包括数据和隐私权保护、系统安全、车辆信息交换等15项评估标准。①

英国、日本、法国、德国等国家皆不同程度准许无人驾驶汽车进行实际道路测试，加快立法及法律修订进程。

2017年6月，我国发布《关于征求〈国家车联网产业标准体系建设指南（智能网联汽车）（2017年）〉意见的通知》（征求意见稿）。提出智能网联汽车这一概念，概括性描述了通用规范、产品技术，对无人驾驶技术创新和法律修订具有指导性作用。

三、协调无人驾驶与法律的建议

无人驾驶汽车与现行法律的各项冲突大多建立在技术完备、广泛应用之时。尽管多家公司表示将尽快实现量产，但我国技术研发水平距离真正实现无人驾驶仍有距离。因此，当前处理无人驾驶汽车与法律的冲突，可从以下几个方面进行。

（1）确立智能联网汽车的自动驾驶分级，分类管理。目前国内各机构的研发水平、进程参差不齐，很多企业宣称的无人驾驶汽车，依上述分级规则只能划分为1级或2级辅助驾驶。分类管理有助于加强行业规范，对于确定具体技术规范、认定责任主体、更新保险制度及其他法律法规的出台也具有重要意义。

（2）尽快制定无人驾驶汽车上路测试申报许可制度，尤其针对进入开放路段的测试。还应确立运行报告制度，要求申报者详细报告此次测试的运行状况，包括测试过程中是否因自动行驶而发生事故、故障及违反道路交通相关法律，使监管部门及时掌握行业内技术和安全性能发展进程，完善相关监管制度。

（3）对于无人驾驶汽车事故认责问题，可首先判断事故发生是否有人工因素介入，在驾驶人与汽车制造者之间划分责任。无人驾驶汽车包含多项高新科技，对检测技术要求过高且程序烦琐，可要求无人驾驶汽车安装黑匣子，事故发生后找回并对数据译码分析，判定事故真成因。

（4）对于无人驾驶汽车保险制度、个人隐私保护制度及交通肇事罪的更新，在技术参差不齐、普遍尚未成熟的现阶段更新为时尚早。高新科技发展迅速，前瞻性立法易对法律的严肃性、稳定性造成挑战。这也是无人驾驶汽车多个方向立法面临的

①U. S. Department of Transportation, *Fact Sheet: Federal Automated Vehicles Policy Overview*, https://www.transportation.gov/AV-factsheet.

问题。

四、结论

无人驾驶汽车立法既要跟上时代发展，推动技术创新，又要将安全作为重点问题，还需考量公众的态度和意见。英国价格比较网站“uSwitch. com”近期的一项调查显示，近半数受访者不愿成为无人驾驶汽车的乘客。[①] 无人驾驶技术仍存在众多不确定性，需经过大量、全方位的测试，检验、完善技术，消除公众隐忧。因此，立法要慎重对待研发机构急于量产的规划，应循序渐进，根据技术发展逐步确立无人驾驶汽车的行驶地位，制定配套法律法规。

①Kasey Cassells, *Half of Brits Fear Driverless Cars*, http：//www. uswitch. com/blog/2016/01/07/half – of – brits – fear – driverless – cars/.

铁路旅客黑名单制度合法性问题分析与破解

项　肆　张长青*

摘　要：在社会信用体系逐步建立的大背景下，为了更好地维护铁路运输秩序和铁路运输安全，铁路旅客黑名单制度应运而生，但该制度在合法性上仍存在瑕疵。铁路旅客黑名单制度目前并非由有权的立法机关做出限制人身自由的规定，且并非由有权主体发布处罚决定，是否与承运人的强制缔约义务冲突也存在争议。笔者认为，铁路旅客黑名单制度应由法律做出限制人身自由的规定，其依法限制违法旅客在一定期限内乘坐火车是对强制缔约义务的合理修正，在具体实施过程中，应优化铁路旅客黑名单制度的进入标准和退出机制，规范铁路承运人的告知程序和警示程序，完善救济机制，才能更好地保障旅客的合法权益。

关键词：铁路旅客黑名单；合法性；强制缔约；公共利益

当前黑名单在各个领域泛化使用，2014 年国务院颁布的《社会信用体系建设规划纲要（2014—2020 年）》进一步扩大了其适用范围。在我国的交通运输领域，继航空黑名单之后，在铁路运输领域也开始实行黑名单制度。黑名单制度通过对违法、违规当事人信用的贬损和行为能力的一定限制，对其和社会公众起到震慑教育作用，是促进社会诚信体系建设的一种有效手段。① 铁路旅客黑名单制度会对违法旅客采取限制乘坐火车的处罚，加大了失信的成本，但目前尚未形成规范化和制度化的操作。铁路旅客运输在行为性质上具有公益性的特征，在黑名单制度的实施上应更加谨慎。

---

* 作者简介：项肆，北京交通大学法学院硕士研究生；张长青，北京交通大学法学院教授。

①刘平、史莉莉：《行政“黑名单”的相关法律问题研究》，载《政府法制研究》2006 年第 1 期。

一、铁路旅客黑名单制度的合法性具有瑕疵

（一）铁路旅客黑名单制度的立法依据不足

铁路旅客黑名单制度在立法机关上尚存在瑕疵。铁路旅客黑名单制度的立法依据主要是2018年3月发布的《国家发展改革委、中央文明办、最高人民法院、财政部、人力资源和社会保障部、税务总局、证监会、铁路总公司关于在一定期限内适当限制特定严重失信人乘坐火车推动社会信用体系建设的意见》（以下简称《意见》）、2018年4月铁路总公司印发的《限制铁路旅客运输领域严重失信人购买车票管理办法》（以下简称《办法》）、2017年1月铁路总公司发布的《铁路旅客信用记录管理办法（试行）》和2018年12月起施行的由广东省人大常委会发布的《广东省铁路安全管理条例》（以下简称《条例》）。《条例》作为地方性法规对旅客失信行为的处罚为在信用平台进行记录①，而性质为部门规章的《意见》在处罚方式上，针对严重影响铁路运行安全和生产安全的行为责任人还增加了限制乘坐火车的规定，根据《中华人民共和国立法法》（以下简称《立法法》）第80条的规定，部门规章规定的事项应当属于执行法律或者国务院的行政法规、决定、命令的事项。没有法律或者国务院的行政法规、决定、命令的依据，部门规章不得设定减损公民、法人和其他组织权利或者增加其义务的规范，不得增加本部门的权力或者减少本部门的法定职责。限制乘坐火车属于限制人身自由的处罚，根据《立法法》第8条关于国家专属立法权的规定，限制人身自由的强制措施和处罚只能由法律来规定，即法律保留原则，《立法法》第9条进一步强调了这些事项属于绝对保留的范围，部门规章不得增加本部门的权利对此作出规定。

一系列法律在我国均确立了法律保留原则的地位。除《立法法》的规定外，《宪法》第37条规定，中华人民共和国公民的人身自由不受侵犯，禁止非法剥夺或限制公民的人身自由；《中华人民共和国行政处罚法》（以下简称《行政处罚法》）第9条规定，限制人身自由的行政处罚，只能由法律设定。具体来说，法律保留是指“特

①《广东省铁路安全管理条例》第41条规定，铁路运输企业应当按照规定建立健全铁路旅客信用信息管理制度，对扰乱铁路站车运输秩序且危及铁路安全、造成严重社会不良影响，以及严重违反铁路运输企业安全管理规章制度的失信行为进行记录，并按照规定推送全国和地方信用信息共享平台。有关部门和铁路运输企业应当依法对失信行为实施联合惩戒。

定范围内对行政自行作用的排除"①，故在对基本权利的干预上，必须基于法律的规定，行政行为才有效。法律保留原则通过限制性的规定，实现了对公民基本权利的有效保障，也是人民主权原则的体现。因此，对于法律的绝对保留事项，下位法不得擅自做出相抵触的规定，对于扰乱铁路运输秩序及安全的旅客，可以考虑依据《中华人民共和国治安管理处罚法》第23条的规定做出拘留并处罚款的决定，但现有的部门规章不可违背上位法的规定，擅自做出限制公民180天内乘坐火车的处罚。综上，铁路旅客黑名单制度的立法依据仍不足。

（二）铁路旅客黑名单制度的发布主体存在瑕疵

在民用航空领域的黑名单制度里，根据《意见》的规定，因严重失信行为被纳入限制乘坐飞机的名单由民航局公布，民航局正是民用航空领域主要的行政监管机关，是民用航空行政权力合法的行使主体，其决定具有行政强制力；在铁路旅客黑名单制度中，根据《意见》，因严重失信行为被纳入限制乘坐火车的名单是由铁路运输企业发布并执行惩戒措施。"行政有时会遇到某些技术性很强的事务要处理"②，将这些专业性、技术性较强的事务交由行政机关之外的组织承担会更便捷，但由铁路运输企业作为铁路旅客黑名单的发布主体仍存在瑕疵。

首先，铁路运输领域现已被委托的行政职能涉及旅客进站的安全检查、铁路卫生防疫等，均不涉及行政处罚职权的授权与委托。例如，2013年国务院发布的《铁路安全管理条例》中，委托铁路运输企业对旅客及承运的行李进行安检，并有权拒绝不接受安检的旅客进站乘车和托运行李物品；《中华人民共和国铁路法》（以下简称《铁路法》）中委托铁路卫生检疫机构对车站和旅客列车内需要检疫的传染病进行检疫。旅客进站的安全检查、铁路卫生防疫等事项发生事故时，多处于一个较为封闭的环境，铁路监管部门难以及时履行监管的职责，由承运人进行处理有时更具优势，进行授权或委托具有合理性，法律对这些权力的授权或委托也并没有做过多的限制，但这些事项均与行政处罚无关。

其次，铁路运输企业无权被委托行政处罚权。交通运输部于2013年发布的《违反〈铁路安全管理条例〉行政处罚实施办法》第74条规定："铁路监管部门依照法律、法规、规章，可以在法定权限内委托符合法定条件的组织实施行政处罚。"该条

①［德］奥托·迈耶：《德国行政法》，刘飞译，商务印书馆2002年版，第72页。
②姜明安：《行政法与行政诉讼法》，北京大学出版社2011年版，第121页。

款为铁路运输企业行使部分处罚职权提供了可能。但根据《行政处罚法》第17、18条的规定，在行政处罚领域，授权的依据必须是法律、法规，授权的对象必须是具有管理公共事务职能的组织；委托的依据必须是法律、法规或者规章，委托的对象必须是依法成立的管理公共事务的事业组织。铁路总公司是中央管理的国有独资企业，并非铁路运输行政权力合法的行使主体，无权直接做出行政处罚的决定；显然也不属于管理公共事务的事业组织，无权限接受行政处罚权的委托，故铁路总公司没有权限发布铁路旅客黑名单的处罚。

（三）铁路旅客黑名单制度与承运人的强制缔约义务存在冲突

《中华人民共和国合同法》第289条规定，从事公共运输的承运人不得拒绝旅客、托运人通常、合理的运输要求。铁路运输企业是否属于公共运输的承运人，决定了其是否应承担强制缔约义务。福建省高级人民法院在（2008）闽民终字第381号判决书中界定了公共运输具有如下特点：第一，承运人是确定的，一般系经国家批准从事公共运输业的企业和个人；第二，公共运输面向社会大众，通常情况下，公众任何人都可以与承运人订立运输合同关系；第三，公共运输的班次、线路、运价一般都以公告的形式向社会公布；第四，公共运输一般采用格式合同，由承运人依照国家相关法律和行政规章制定。铁路总公司是铁路运输中明确的承运人，铁路客货运输均面向社会公众，公众可以依据铁路总公司就车次发布的时刻表，与其订立采用格式条款的运输合同。铁路总公司还享有公益性运输补贴机制，以低于正常票价或低于成本的价格为社会公众提供运输服务，主要体现在学生半价票、革命伤残军人半价票、部分抢险救灾物资和支农物资的无偿运输等方面，符合公共运输承运人的要求。此外，在《国务院关于组建中国铁路总公司有关问题的批复》（国函〔2013〕47号）中明确提到，中国铁路总公司以铁路客货运输服务为主业，负责铁路运输统一调度指挥，负责国家铁路客货运输经营管理，承担国家规定的公益性运输，保证关系国计民生的重点运输和特运、专运、抢险救灾运输等任务。综上，铁路总公司属于公共运输的承运人，应承担合同法中的强制缔约义务。

所谓强制缔约，是指个人或企业负有应相对人的请求，与其订立契约的义务。易言之，即对相对人的要约，非有正当理由不得拒绝承诺。[①] 合同自由原则虽是民法中

---

①王泽鉴：《债法原理》（一），中国政法大学出版社2001年版，第77页。

的基本原则，但在一些特殊领域，如在供电、供水、铁路运输等行业，缔约双方地位不平等的现象较为突出，为了更好地维护公民利益，需要对缔约自由进行一定程度上的限制。正如罗尔斯所述，如果一种社会安排出于某种原因不得不产生某种不平等，那么它只有最大限度地有助于最不利者群体的利益，它才能是正义的。① 但如果强制缔约制度仅仅是对合同订立自由的排斥，而不排斥合同内容自由，则根本无法实现其制度功能，因为合同订立自由与合同内容自由仅仅是学理上的划分，在实践中是密不可分的。② 这点在铁路运输领域也有所体现，强制缔约义务限制了承运人选择相对人的自由，采用格式条款的铁路旅客运输合同限制了相对人确定合同内容的自由。在这种现状下，旅客购买火车票是要约，承运人出售火车票是承诺，承运人无权拒绝旅客对其发出的要约，受要约人的承诺自由受到限制，无权自主地选择是否做出承诺。而铁路旅客黑名单制度中限制违法旅客乘坐火车的处罚，是在合同缔约阶段便允许承运人拒绝对旅客的要约做出承诺，故铁路旅客黑名单制度与铁路运输承运人的强制缔约义务存在着冲突。

二、铁路旅客黑名单制度的构建与完善

（一）应由有权立法机关做出限制人身自由的规定

在铁路旅客黑名单制度的立法依据上，应明确以法律为依据，如可由《铁路法》做出明确的规定。黑名单制度当前广泛地被运用在各个领域。例如，有人民法院建立的失信被执行人名单，金融机构建立的欠债人黑名单，国家旅游局建立的对旅游经营者及其从业人员的黑名单，这些黑名单均有充足的法定依据。其中，人民法院对失信被执行人限制乘坐火车、飞机、出入境等措施便有民事诉讼法的授权，基于民事诉讼法制定的《关于公布失信被执行人名单信息的若干规定》通过一系列的信用惩戒措施，促使被执行人自觉履行生效法律文书确定的义务；金融机构建立的欠债人黑名单是以国务院发布的《征信业管理条例》为依据，在一定期限内对个人不良信息进行记录保存，通过对公民的借贷造成负面影响，促使其及时还款；国家旅游局对旅游经营者及其从业人员制定的黑名单体现在《旅游经营服务不良信息管理办法（试行）》

①［美］约翰·罗尔斯：《作为公平的正义——正义新论》，姚大志译，上海三联书店 2002 年版，第 447 页。

②朱岩：《强制缔约制度研究》，载《清华法学》2011 年第 1 期。

（旅办发〔2015〕181号）中，该办法以旅游法为依据，通过黑名单制度积极引导对旅游经营者及其从业人员的诚信服务。

在交通运输领域，航空黑名单的主要依据有2016年2月中国航空运输协会颁布的《民航旅客不文明行为记录管理办法》，各民航公司可以自愿使用旅客的不文明记录，以及2018年3月发布的《意见》，该意见具有行政强制力，所有民航公司均要执行，根据此意见，航空运输企业可自行拒绝运输在机场或航空器内实施了违法行为的旅客，该处罚限制了公民乘坐飞机的出行自由权，但尚没有法律层面的依据。铁路旅客黑名单与航空旅客黑名单相类似，铁路运输企业自行对严重影响铁路运行安全和生产安全的行为责任人限制乘坐火车的处罚，限制了公民的人身自由，却仅以部门规章为依据，在立法权限上，应明确由法律作为限制人身自由处罚的依据，即铁路旅客黑名单制度“在一定期限内适当限制特定严重失信人乘坐火车”的决定应在法律层面授权有权主体进行处罚。

（二）规范铁路旅客黑名单制度的进入标准和退出机制

铁路旅客黑名单制度的主要目的不应是惩罚、威慑失信者，而应是倒逼失信主体自觉改正失信行为，以及倡导潜在失信人遵守运输秩序，故建立黑名单所涉人员的信用修复，能更好地营造诚实信用的社会环境。

在黑名单的进入标准上，首先，要明确应遵循保障铁路运输安全和秩序、维护社会公共利益等原则而设立，在此原则之下，列举的情形应清晰具体，在当前列举的七种情形之外，还可参照航空运输的规定，增加“限制传染病患者、精神病患者或者健康情况会危及铁路运输安全的旅客”乘坐火车的条款。其次，在证据的认定上，现有规定要求采集失信行为的证据包括失信人本人书面证明或音频记录或两名以上旅客证人证言，[①] 在音频记录上主要规定的是记录处置全过程，而强占他人座位、辱骂列车工作人员等违法情形，多是突发事件，事件的起始过程多只有在

①《铁路总公司关于限制铁路旅客运输领域严重失信人购买车票管理办法》第8条规定：“站车现场采集严重失信行为的证据包括：失信人本人书面证明或音视频记录或2名以上旅客证人证言。（一）站车工作人员应使用客运记录详细记录失信人的姓名、有效身份证件类型及号码、住址、联系方式、乘车日期、车次、区间、失信行为、处理情况等信息，并由站车工作人员和失信人本人签字。失信人拒绝签字时应当注明。（二）站车工作人员应采用音视频记录仪、视频监控系统记录处置全过程。不具备音视频记录条件时应收集2名以上旅客的证人证言。（三）站车工作人员在处置时，应通过口头或书面方式明确告知旅客处置依据和纳入铁路旅客信用信息管理，采取限制购票措施。”

场其他旅客的录像或拍照为证据，这些影像资料极易被篡改，在网络传播的过程中存在巨大的失真风险。将违法旅客列入黑名单的前提是信用信息的真实可靠，可引入中立第三方固定证据，并加强第三方监督，做出具有公信力的判断。最后，在信用规制的主体上，社会信用主体应为具有完全行为能力的自然人，在2017年修正的《最高人民法院关于失信被执行人名单信息的若干规定》中便明确规定，不得将未成年人纳入失信被执行人名单，可借鉴此规定，考虑将不具有完全行为能力的自然人排除于黑名单的规制范围。此类人群常常难以对自己的行为进行正确的价值判断，应对其给予反省、改正错误的空间。与之相对应，若发现该旅客并非初犯，曾有过进入铁路旅客黑名单的记录，可考虑延长限制购票的期限。

在黑名单的退出机制上，《办法》中列举的七种情形中，对“（四）冒用优惠（待）身份证件、使用伪造或无效优惠（待）身份证件购票乘车的”“（五）持伪造、过期等无效车票或冒用挂失补车票乘车的”“（六）无票乘车、越站（席）乘车且拒不补票的”三种情形按照是否补票进行了区分规定。其余四种情形，即“（一）扰乱铁路站车运输秩序且危及铁路安全、造成严重社会不良影响的”“（二）在动车组列车上吸烟或在其他列车的禁烟区域吸烟的”“（三）查处的倒卖车票、制贩假票的”“（七）依据相关法律法规应予以行政处罚的”在180天期满后自动解除。其中，第一种情形“扰乱铁路站车运输秩序且危及铁路安全、造成严重社会不良影响的”在退出机制上尚有完善空间，可考虑当旅客因实施此种情形而列入黑名单时，若事后及时采取了补救措施，与相关人员达成了和解，可缩短限制购票乘车的期限，也能促使违法主体主动减轻自己带来的恶劣影响，节省司法资源。

（三）规范铁路旅客黑名单制度的程序标准

1. 承运人的告知程序

在旅客的权利保障上，《办法》中已明确要求承运人履行处罚后的告知义务和保密义务，还可进一步规定承运人的先合同义务。虽然选择火车出行是一种常见且便捷的方式，但广大旅客的年龄、文化层次、地域等方面千差万别，在乘坐过程中哪些是禁止性行为并非是人人皆知的，若能在缔结合同阶段就让旅客知晓被“黑名单”纳入的行为，可最大限度地减少违法现状的发生，也能节省司法资源。故在铁路旅客黑名单制度的事先告知程序上，除了加大日常的宣传外，基于诚实信用原则，承运人还可考虑在铁路旅客运输合同订立前，在线上购票界面明确告知旅客“黑名单”规制的情形，旅客点击“已阅读并同意遵守”后才能进行购票。在线下购票窗口，可通过车站广播、文字标牌或视频的方式使民众知晓被禁止的行为。

2. 承运人的警示程序

铁路旅客运输合同多采用的是格式条款，即使承运人尽到了上文所述的告知义务，仍难以保证每位旅客都已知晓可能被惩处的行为，故警示程序是非常有必要的。将警示程序设置纳入铁路旅客黑名单的前置程序，也能合理地辨析出当事人主观恶意程度的高低，更好地保护旅客的合法权益。当旅客被告知该行为的危害和违法性质，便及时进行了纠正，此时可考虑不对该旅客进行处罚；若旅客在警示后依旧态度恶劣，继续实施违法行为，便可直接列入黑名单。

（四）完善铁路旅客黑名单制度的救济机制

无救济则无权利，《意见》和《办法》中均赋予了旅客一定的异议权，[①] 然而，因列入黑名单情形规定的模糊性，使得执法中自由裁量的自主权过大，现有的救济规定并不能较好地实现纠错的目的，在救济机制上还应进一步完善。在审核旅客进入黑名单的阶段，除了当前规定的异议、复核权利，若旅客仍不服的，可赋予旅客申请听证、信息公开、复议或诉讼等途径。

在旅客确认是被错误地列入黑名单后，也应赋予旅客一定的救济。铁路旅客黑名单制度是建立在双方成立了铁路旅客运输合同的基础上，且旅客被错误列入后的损失，多以自由出行权受到限制、直接或间接的经济损失、名誉损失为主，故在救济上应以民事救济为主。在违反强制缔约义务的责任性质的界定上，存在违约责任、侵权

①《意见》中规定：“各铁路运输企业每月第一个工作日在中国铁路客户服务中心（12306）网站、‘信用中国’网站发布限制购买车票人员名单的完整信息，有关部门的异议处理人联系方式应当同时公布。名单自发布之日起7个工作日为公示期，公示期内，被公示人可通过铁路‘12306’客服电话或向有关部门提出异议，公示期满，被公示人未提出异议或者提出异议经审查未予支持的，各铁路运输企业开始按照公示名单执行惩戒措施。被纳入限制购买车票名单的人员认为纳入错误的，可以向有关机关、单位提起复核。”

《办法》第11条规定：“每月第一个工作日中国铁路客户服务中心（12306）网站、‘信用中国’网站发布失信人的完整信息，信息自发布之日起7个工作日为公示期。公示期内，被公示人可通过铁路‘12306’客服电话提出异议，被公示人未提出异议或者提出异议经审查未予支持的，开始按照公示名单执行惩戒措施。”

《办法》第12条规定：“各铁路局集团公司客户服务中心接到其他铁路局集团公司站段录入的失信人异议时，应将失信人异议转相关铁路局集团公司客户服务中心受理。”

《办法》第13条规定：“各铁路局集团公司应指定人员负责对失信人提出的异议进行复核，复核结果应在7个工作日内，由客户服务中心回复失信人，需书面回复时模板格式见附件2。”

责任等多种学说的争议，笔者更倾向于将其认定为侵权责任。合同责任所保护的利益主要是履行利益，此种利益包括了履行本身和可得利益，而侵权责任保护的是一种固有利益，即受害人在遭受侵害行为之前所既存的财产权益和人身权益。① 铁路旅客黑名单制度对旅客损害的保护更多的是对人身权利这一固有利益的损害，而这正是侵权责任法保护的重点领域。在责任形式上，旅客有权采取要求承运人将自己从黑名单中去除、赔偿合理的经济损失、恢复名誉及公开赔礼道歉等方式。

（五）依法制定的铁路旅客黑名单制度实则是对强制缔约义务的合理修正

给予铁路运输承运人有限的缔约自由，是对强制缔约义务进行了合理的修正，以实现缔约正义的价值目标。如果不对受要约人的强制承诺义务予以适当地、合理地限制，则有可能反过来导致要约人的权利滥用，而使受要约人无法开展正常的经营活动，法律应当规定负强制承诺义务当事人拒绝要约的正当事由，应当允许受要约人以正当事由拒绝要约人过分强求的或是不正当的要约。② 这些突破强制缔约义务的正当事由在立法和司法实践中已有所体现，在立法上，合同法便规定了承运人可以拒绝运输无票乘运、超程乘运、越级乘运或者持失效客票乘运后仍不补票的旅客，可以拒绝运输随身携带违规物品的旅客；③ 在航空运输领域，承运人可以拒绝运输传染病患者、精神病患者或健康情况可危及自身或影响其他旅客安全的旅客。④ 在司法实践

①王利明：《侵权责任法与合同法的界分——以侵权责任法的扩张为视野》，载《中国法学》2011 年第 3 期。

②刁伟民：《航空旅客“黑名单”的法律分析》，载《法学杂志》2012 年第 7 期。

③《中华人民共和国合同法》第 294 条规定：“旅客应当持有效客票乘运。旅客无票乘运、超程乘运、越级乘运或者持失效客票乘运的，应当补交票款，承运人可以按照规定加收票款。旅客不交付票款的，承运人可以拒绝运输。”

《中华人民共和国合同法》第 297 条规定：“旅客不得随身携带或者在行李中夹带易燃、易爆、有毒、有腐蚀性、有放射性以及有可能危及运输工具上人身和财产安全的危险物品或者其他违禁物品。旅客违反前款规定的，承运人可以将违禁物品卸下、销毁或者送交有关部门。旅客坚持携带或者夹带违禁物品的，承运人应当拒绝运输。”

④《中国民用航空旅客、行李国内运输规则》第 34 条规定：“无成人陪伴儿童、病残旅客、孕妇、盲人、聋人或犯人等特殊旅客，只有在符合承运人规定的条件下经承运人预先同意并在必要时做出安排后方予载运。传染病患者、精神病患者或健康情况可危及自身或影响其他旅客安全的旅客，承运人不予承运。根据国家有关规定对于不能乘机的旅客，承运人有权拒绝其乘机，已购客票按自愿退票处理。”

《春秋航空股份有限公司旅客、行李国内运输总条件》第 76 条规定：“如果旅客在飞机上的行为危及到飞机或飞机上任何人或财产的安全，或妨碍机组人员履行职责，或不遵守机组的指示，包括但不限于吸烟、酗酒或吸食毒品，对机组或其他旅客造成或有可能造成不适、不便、损害或者伤害的行为，春秋航空可以采取认为合理的措施，包括实施管束，以阻止该行为的继续。旅客有可能在任何地点被要求下机并被拒绝续运，而且旅客有可能因机舱内的不当行为被起诉。”

中，广东省高级人民法院在（2003）粤高法民四终字第55号判决书中指出，虽然被告是公共运输的承运人，但并不具备运输危险化学品的运输资格认定，可以因“原告的要求不是通常、合理的要求”而拒绝运输，无须承担强制缔约义务。可见，强制缔约义务的法律规定虽然对意思自治进行了程度不同的限定，但是仍然没有完全以法律替代当事人之间的意思表示，当事人之间的意志仍然在一定范围内起作用，故契约自由仍有适用的余地。①

铁路旅客运输是一项具有公益性质的运输，在运输的过程中，承运人同时肩负强制缔约义务和安全保障义务，两者之间有时无法同时兼顾。安全保障义务的履行是为了维护广大旅客的公共利益，“公共利益是个人利益的某种组合，并最终体现于个人利益”，② 铁路旅客运输安全与秩序之所以是公共利益，并不是因为抽象的公共交通行业从中得益了，而是在于国家中每一个实际存在的旅客都从中得益了。强制缔约义务的履行更多的是保障公民的自由出行权，维护公民的个人利益。当公共利益与个人利益产生冲突时，应优先维护公共利益，即铁路承运人可以因履行安全保障义务，拒绝与危害铁路运输安全与秩序的旅客缔结铁路运输合同，此种行为便是铁路旅客黑名单制度的处罚措施。铁路旅客黑名单制度赋予了承运人有限的缔约自由，通过限制几种情形下的旅客在一定期限内乘坐火车，更好地维护铁路运输安全和秩序，实现了缔约正义。

---

①李永军：《从契约自由原则的基础看其在现代合同法上的地位》，载《比较法研究》2002年第4期。

②张千帆：《“公共利益”是什么？——社会功利主义的定义及其宪法上的局限性》，载《法学论坛》2005年第1期。

人工智能生成物的著作权法律问题分析

刘 彤*

摘 要：人工智能被运用到社会生活的各个领域，但在相关的法律规则适用上并未形成统一意见，本文仅就相关著作权法律问题进行分析，得出以下结论：人工智能机器在深度学习过程中对已有作品的复制和使用，构成对作品的转换性使用，与作品的正常利用方式不冲突，不影响作品的潜在市场，属于著作权法上的合理使用。基于既有算法和程序产生的生成物，其形成过程不具有独创性，但计算机软件著作权人的身份具有技术上的先发优势，即使人工智能生成物不认定为作品也不影响其对人工智能的开发积极性。脱离既定算法和规则，通过机器深度学习产生的生成物不符合“独创性”之“创”的要求高度，不构成作品，但为保护投资者利益，应设立邻接权对该类生成物进行保护。

关键词：人工智能生成物；著作权；作品；独创性

一、问题的提出

近年来，由谷歌旗下 DeepMind 团队开发的 AlphaGo 接连击败围棋世界冠军李世石和柯洁，引起了全世界的轰动，进而引发了人工智能的研究热潮，AlphaGo 所采用的机器学习和博弈树搜索算法并非专门应用于下棋，在语音识别、机器翻译、图像识别和大数据医疗等其他智能应用领域也已经获得了成功。如今，计算机已经开始完成很多过去必须用人的智力才能够完成的任务，因此，AlphaGo 的获胜宣告着机器智能

---

* 作者简介：刘彤，北京交通大学法学院硕士研究生。

时代的到来。[①] 与人工智能有关的著作权保护的问题也日益受到关注。

人工智能不是传统意义上的计算机程序，其与计算机程序的区别在于底层的算法，人工智能最底层的算法由计算机编程、人工神经网络和问题解决三部分组成，其中最关键的是人工神经网络，人工智能通过建立、模拟人脑进行分析学习的神经网络，进行机器学习，[②] 从而判断、收集和学习新的数据，解决新问题，生成新内容。本文将对人工智能生成物的形成过程和结果中的著作权问题进行分析。

从人工智能生成物的形成过程看，深度学习是人工智能生成形成物的核心程序，人工智能机器深度学习的过程就是计算机对数据进行摸索，将它发现的统计关系写成自己程序的过程，只有在供其学习的数据足够庞大时，数据中所包含的知识才能为其提供准确的信息。如果这些源数据本身构成著作权法上的作品，那么人工智能机器在深度学习过程中对这些作品的复制和使用，是属于著作权侵权还是构成著作权法上的合理使用，这对于大数据的创建和人工智能机器的深度学习具有决定性意义。

从人工智能生成物的结果来看，人工智能的算法和开发程度不同，其在深度学习作品的基础上所形成的生成物的表现方式也有所不同，人工智能生成物与其学习的原作品实质性相似的，构成对作品的著作权侵权，这类侵权生成物所涉法律关系明确，不在本文讨论范围之内。生成物与原作品没有相似性的，由于算法和生成方式不同，生成物是否构成著作权法意义上的作品，以及其受著作权法保护的程度也有所不同。本文通过对人工智能生成物的生成方式进行分类，分别探讨生成物的著作权及合理使用问题，基于既定算法和规则的生成物，其产生过程不具有独创性，不构成著作权法意义上的作品；脱离既定算法和规则，通过机器深度学习产生的生成物虽然不符合作品对“独创性”高度的要求，但为保护人工智能投资者的积极性，应当设立新的邻接权制度对该类生成物进行保护。

近年来，我国人工智能技术高速发展且被列为国家发展战略，人工智能生成物的数量也呈指数形势增长，新事物的出现也会相应地带来新的法律问题，人工智能技术的发展离不开对现有作品的分析和学习，如何处理深度学习过程中的生成物与现有作品的关系，对其产生的生成物是否进行保护以及如何进行保护等都是在人工智能快速

---

①吴军：《智能时代——大数据与智能革命重新定义未来》，中信出版社 2017 年版，第 3 页。

②于泽：《深度学习那么火，它究竟能做些什么?》，载“深度学习世界”，2017 年 1 月 22 日发布，http：//www. dlworld. cn/YeJieDongTai/26. html。

发展的道路上亟须解决的法律问题。本文仅从著作权法律角度出发，对人工智能生成物的产生过程中与现有作品的冲突问题以及人工智能生成物能否获得著作权法律保护的问题进行分析。

二、深度学习过程中对原作品的复制和使用构成合理使用

我国著作权法只规定了12种具体的合理使用情形，而未做一般性规定，但《伯尔尼公约》《与贸易有关的知识产权协议》（TRIPs协议）和《世界知识产权组织版权条约》（WCT）均规定了“三步检验标准”，即成员对著作权限制和例外的规定只能在特殊情况下做出，与作品的正常利用不相冲突，以及没有不合理地损害权利人合法权益。我国加入了以上三个国际公约，并将“三步检验标准”的规定转换为国内法，具体体现在《中华人民共和国著作权法实施条例》的第21条，因此，对他人作品的使用行为符合“三步检验标准 ”的，在我国也可以被认定为合理使用。

《美国版权法》第107条也规定了合理使用的四项衡量因素，实践中，人们认为第一个因素中的“转换性使用”标准属于“三步检验标准”的第二步、第四个因素“使用对著作权作品潜在市场或价值的影响”与“三步检验标准”的第三步极为相似，且其可以通过是否构成第二步的“正常使用”[①] 来判断。因此，本文对合理使用的认定主要从转换性使用和对原作品潜在市场的影响两方面进行分析。

（一）深度学习的过程构成对作品的转换性使用，与人类作品的正常利用方式不冲突

无论是普通人还是文学艺术家，其进行创作的目的是将自己内心世界的思想感情借助语言、艺术等形式表达出来，使他人能够客观地阅读、欣赏和感知，以使自己的思想得到认识和传播，同时从中获取经济利益，作品受众对作品的认知范围和接受程度以及作者从作品中获得的经济利益是鼓励其进一步创作的重要因素。一些以作者为中心的观点淡化了读者对作品的参与程度，认为读者把作品当作一般的娱乐性商品，像对待所有其他商品一样，只是商品的被动消费者。[②] 这种观点不能正确解释作者和

①根据世界贸易组织争端解决专家小组对“美国版权法第110（5）条案”所作的报告，第二步：与作品的正常利用不相冲突，是指版权人根据法律规则、市场和技术的发展在未来以新的方式利用作品以获得经济利益的可能性。

②Joseph P. Liu，Copyright Law's Theory of the Consumer，44（2）*Boston College Law Review*，397 - 432（2003）.

作品的受众对待作品的思想情感，作者创作、发表作品的最主要目的是使他人欣赏，获得他人的认可和接受，从而取得创作作品的报酬，以激励作者继续创作。受众在欣赏作品的同时，也会参与到作品中去，他们会和别人讨论作品，甚至在欣赏作品过程中将自己代入作品中的角色或情景，用他人的作品表达自己的思想感情。阅读的过程融合了人类思考、感受以及将文字具象化的能力，读者阅读体验的丰富性决定了阅读是人类专有的能力。作品只有通过语言、艺术和科学符号等能被普通人识别的方式表达出来才能进一步被人欣赏和解读，对作品的正常使用方式就是对其外在的表达方式呈现出的美感进行欣赏，即对作品表达方式的阅读。

人工智能的学习能力是建立在大数据基础之上的，机器学习是计算机对数据进行摸索，将它从数据源中发现的统计关系写成自己的程序的一种技术。① 人工智能对作品的学习也是将作品转化为其能够识别的计算机代码的形式，在代码形成的大数据基础上进行深度学习，形成自己的算法程序以解决新问题。人工智能学习的并不是作品所表达的思想感情，而只是数据化、代码化的作品的结构和特征等因素，在这个过程中，机器不是通过作品的表达方式“欣赏”作品的美感，不能体会到作品的美学感染力，不会与作者产生人性的共鸣，机器对作品的使用方式属于非表达性使用（non-expressive use）。人工智能机器生成作品的过程是通过既有的算法和模板，或在学习的基础上形成新算法，将新输入的数据或原有数据重新随机排列，通过新算法生成新作品，并以语言、艺术、科学符号体系加以表达出来。最终呈现在人类面前的是这个新作品。人工智能机器对作品的复制和阅读只是其形成自己程序算法的中间过程，人类不会参与人工智能形成算法的过程，不会与人工智能学习的作品发生接触，人工智能机器对作品的使用是一种中间性、功能性的使用。

由于著作权法保护的是作品的表达而非思想，因此作品的功能是通过其外在表达使受众达到对其欣赏和利用的目的，人工智能深度学习过程中对作品的非表达性使用是对作品功能性和技术性的使用，实现了对作品功能上的转换，构成对作品的转换性使用。

（二）对作品潜在市场的影响

第一，深度学习过程中对作品的非表达性使用形式不属于作品的潜在市场。作品

①［美］马丁·福特：《机器人的时代——技术、工作与经济的未来》，王吉美、牛筱萌译，中信出版社2015年版，第97页。

的潜在市场是指著作权人根据法律规则、市场和技术的发展在未来以新的方式利用作品所形成的市场。首先，著作权法保护的对象是作品的表达而非思想，去除了表达形式的作品不能被认定为著作权法意义上的作品，而只是一种“物品”，对作品非表达性的使用其实是对其“物品”属性的使用，与作品的潜在市场无关。其次，市场的受众是消费者，消费者权益保护法中规定的消费者原则上仅限于自然人，① 作品的消费者是作为权利、责任主体的人类观众，而不能是作为法律关系客体的人工智能机器，因此，人工智能对作品的复制和阅读不会侵占作品原有的消费者市场。

第二，人工智能的生成物与人类作品具有竞争关系，会对人类作品的潜在市场产生影响，但人工智能深度学习过程中对现有作品的使用是否构成合理使用并不是影响作品潜在市场的决定性因素，不能因此否定合理使用的构成。

有的观点认为基于激励理论，人工智能通过对大量受版权保护作品的深度学习，建立自己的模型从而形成新的生成物。如果将深度学习过程中对作品的利用认定为合理使用，人工智能不须付出费用即可对现有的所有作品进行数据抓取、深度学习，在此基础上将产生大量可能会替代人类作品的生成物，这会造成与人类作品的不正当竞争，影响人类作品的潜在市场，不利于激励人类创作。

但本文认为如果人工智能深度学习过程中对数据的抓取和使用不被认定为合理使用，也不会完全阻断人工智能的发展，而只可能增加人工智能发展的成本。随着人工智能的深度发展，人工智能新生成物在数量和质量上将远远高于人类作品，无论对人工智能生成物的制度如何安排，如果人工智能生成物被认定为作品，在自由竞争的版权市场中，人类作者将承受作品被机器作品替代的过大压力；即使人工智能生成物不被认定为作品，其在外在表现形式上与人类作品难以区分，如果人工智能的所有人或使用人在生成物上署名，并对外表明自己是创作者，则由于署名有推定作者身份的效力，除非有证据证明该生成物为人工智能生成；即便证明生成物是由人工智能完成而将该生成物送入公有领域，此时，作品潜在的使用者就没有必要付费使用版权作品，人类创作作品的版权价值会无限降低，这也会带来与人类作品的不正当竞争，影响人类作品的潜在市场，不利于激励人类创作。

因此，无论人工智能的生成物是否构成著作权法意义上的作品，随着人工智能技

①王利明：《消费者的概念及消费者权益保护法的调整范围》，载《政治与法律》2002 年第 2 期。

术的进一步发展，人工智能生成物的进一步完善，都会造成人类作品大量失去市场吸引力的后果，影响人类作品的潜在市场。因此，人工智能深度学习过程中对现有作品的使用是否构成合理使用并不是影响作品潜在市场的决定性因素，而只是人工智能开发成本高低的问题。

（三）合理使用的认定能克服市场失灵，实现社会公共目标

著作权法作为著作权产业的制度保障，其中的合理使用须以克服市场失灵为目标，[①] 市场失灵主要表现为交易成本过高导致交易不能和特定公共目标无法实现。人工智能机器的深度学习需要大量的作品作为数据源，例如，生成“下一个伦勃朗”作品的计算机程序将伦勃朗所有的作品进行了深度分析，[②] 谷歌的人工智能为提高对话的人性化程度，也阅读了成千上万本的浪漫小说。[③] 如果对这些作品的复制和阅读需要经过著作权人的许可（暂不考虑著作权保护期限的问题），会产生很多难以克服的问题：首先，发布在网络上的作品可能无源可循，存在与著作权人沟通渠道不畅等问题，人工智能搜寻所有作品的著作权人需要付出较高成本；其次，只有当供人工智能学习的数据组足够庞大、内容足够丰富时，才能满足大量用户的个性化信息需求，需获许可的作品基数较大，许可费用往往会很高，人工智能可能会因获取许可的交易成本过高而导致交易不能，无法获得学习来源，从而影响人工智能行业的发展。

2017 年，国家有关部门陆续发布了《新一代人工智能发展规划》和《促进新一代人工智能产业发展三年行动计划（2018—2020 年）》，作为人工智能产业发展的总领性政策，体现了国家对人工智能发展的支持和布局规划，此外，各省市也发布了关于人工智能的相关政策以促进当地人工智能产业的发展，进而推动 GDP 增长和经济发展。国家自上而下制定人工智能发展规划的政策趋势已经表明人工智能产业的发展是我国当前的公共目标，深度学习是人工智能最重要的功能，因交易成本过高而无法实现深度学习将导致大力发展人工智能的公共目标无法实现。为克服许可使用将导致的市场失灵，降低人工智能的开发成本，激励、促进人工智能的开发，有必要将人工

---

①熊琦：《论著作权合理使用制度的适用范围》，载《法学家》2011 年第 1 期。

②《下一个伦勃朗：又一个机器仿制大师画作的项目》，载搜狐网，2016 年 4 月 11 日发布，http://www.sohu.com/a/68645978_115640。

③Samuel Gibbs, *Google AI Project Writes Poetry Which Could Make a Vogon Proud*, https://www.theguardian.com/technology/2016/may/17/googles-ai-write-poetry-stark-dramatic-vogons, 2018 年 4 月 2 日访问。

智能在学习过程中对作品的复制和阅读认定为合理使用。

三、基于既定算法和规则的生成物不构成作品

在将人工智能深度学习过程在对已有作品的使用认定为合理使用后，人工智能发展面临的下一个著作权问题就是其生成物能否构成作品以及如何对生成物进行保护的问题。本文根据生成物的产生过程对生成物进行分类，首先讨论基于既定算法和规则产生的生成物的著作权问题。

（一）生成物的形成过程不具有独创性

在人工智能技术被广泛应用的今天，基于既定算法和规则的生成物也层出不穷，如执行既定程序和模板的“自动新闻写作”软件，通过算法对数据片进行分类处理，并结合历史 NBA 赛事的新闻报道，构建 NBA 赛事报道模板库，并以球队和球员的表现为中心，将数据片的信息填入已构建好的模板，得到一篇自动生成的 NBA 赛事新闻稿。①

对于基于既定算法和规则的生成物，人工智能工作的过程只是对既定流程和方法的执行，由人类输入数据和材料，只要算法正确，则相同的数据输入后，通过人工智能产生结果是相同的或特定的。这种情况下，人工智能产生生成物的过程就是高度程式化的，形成的生成物的结果具有有限性和特定性，而不具有著作权法意义上的个性化特征，这就从根本上抹杀了人工智能的创作空间，排除了实施者发挥聪明才智的可能性，人工智能的工作过程只是单纯的劳动，而非具有智力创造性的创作。《中华人民共和国著作权法实施条例》中对作品的定义为“著作权法所称作品，是指文学、艺术和科学领域内具有独创性并能以某种有形形式复制的智力成果”，而基于既定算法和规则的生成物，其生成过程未给人工智能留下智力创作空间和个性发挥余地，不符合作品独创性中“创”的要求，因此不构成作品。

（二）算法本身属于计算机软件，受到著作权法的保护

著作权法意义上的计算机程序仅指“代码化指令序列，或者可以被自动转换成代码化指令序列的符号化指令序列或符号化语句序列”。② 作为人工智能技术基础的

①陈玉敬、吕学强等：《NBA 赛事新闻的自动写作研究》，载《北京大学学报》（自然科学版）2017 年第 2 期。

②《计算机保护条例》第 2 条。

算法是一系列的代码化指令序列，属于计算机程序而受到著作权法的保护，其权利人为人工智能算法的开发者，开发者在拥有计算机程序著作权的基础上就拥有相关人工智能技术方面的先发优势，具体体现在作为技术的领导者具有重大的市场号召力，以及由此产生的市场竞争上的规模优势及消费者群体。[①] 在这种由软件著作权带来的强大的市场优势地位下，人工智能生成物即使不被认定为作品，开发者对人工智能生成物不享有相关权利，也不影响开发者对人工智能技术开发和利用的动力。

因此，无论从人工智能生成物的形成过程，还是从对人工智能技术发展的影响出发，基于既定算法和规则的生成物都不构成著作权法意义上的作品。

四、脱离既定算法和规则，通过机器深度学习产生的生成物不符合“独创性”要求

基于人工神经网络的深度学习系统，能够模仿人脑学习和记忆的原理，并且能够对数据进行归纳整理以及进一步预测推断，从而产生新的方法，解决新的问题。

（一）深度学习过程中对最优策略的选择不符合“独创性”的要求

随着人工智能技术的进一步成熟，人工智能深度学习功能在社会各个领域被广泛应用。医学领域对人工智能技术的最新应用表现为，基于海量数据和机器学习为病患量身定制诊疗方案，利用机器学习算法建立多种疾病辅助诊断模型，通过分析患者数据识别病症，计算出诊断意见。在金融领域，智能投资通过大数据获取客户个性化的风险偏好及其变化规律，根据客户的风险偏好，结合算法模型定制个性化的投资方案，同时利用互联网对客户个性化的资产配置方案进行实时跟踪调整。[②] 这些人工智能的生成物主要是指诊断意见和投资方案，其实质是人工智能在学习大数据的基础上，归纳出已有大数据的主要特征，并对这些特征进行分类，形成分类的特征集，在此基础上，形成新的模型。当有新的问题出现时，通过分析新问题所表现出的数据，与已有数据进行匹配，在人工智能自己建立的模型中寻找解决新问题的最优策略，从而产生个性化的最优结果。这就是深度学习的神经网络方法，即以大量、合适、有特征“规律”的样本数据，形成自动生成的特征存贮机制。[③]

①梁志文：《论人工智能创造物的法律保护》，载《法律科学》2017 年第 5 期。

②肖博达、周国富：《人工智能技术发展及应用综述》，载《福建电脑》2018 年第 1 期。

③左春、杨立、王洋：《基于精准计算的人工智能应用方法研究》，载《信息技术与标准化》2018 年第 3 期。

人工智能深度学习通过既有算法对大数据进行分析和分类，主动找出事物中更为具体、细致的规律和特征，建立特征集，也即数据库。当出现新的问题时，分解该新问题的特征，与已有特征集进行匹配，由此找出最优策略，并采取该策略产生最佳结果，从而解决新问题。这一过程中的每个阶段均没有达到“独创性”的高度：首先，对已有事物的分类和寻找规律的过程，是根据已有事物的矢量化特征建立数据库的过程，这一过程中对事实特征的选择和编排未体现出任何的独创性，属于对事实的无独创性的汇编，该数据库不受到著作权法的保护。其次，在将新问题的特征与已有数据库匹配，寻找最优策略的过程中，最优策略本身属于解决问题的方法，是一种抽象的思想，不能成为著作权的客体。最后，通过最优策略产生的结果往往具有唯一性，在使用人工智能技术时，输入相同的数据，运用相同的策略处理，产生的结果具有高度可重复性，① 这不同于人类出于思想和感情创作的具有独创性的作品，人类的创作即使使用相同的素材、相同的工具，在不同时空下创作出的结果也会大有不同，因为人的灵感是独创性的来源，而这种灵感往往是转瞬即逝的，在不同灵感之下产生的个性化特征是不同作品得以区分的最主要标识。通过深度学习产生的生成物虽然是根据新问题产生的，该结果具有针对该问题的个性化特征，但这种“个性化”和著作权法意义上作品的个性化特征不同，作品的个性化特征是指体现作者思想和感情的独特的个性，针对新问题的“个性化”则更像是一种具有针对性的操作方法和技术，由此产生的生成物是利用技术方法劳动的结果而非具有独创性的创作的结果。

由此可知，人工智能深度学习的过程中，数据库的创建属于不具有独创性的汇编，最优策略落入思想的范畴，而通过最优策略解决问题，产生生成物的过程未给人工智能留下足够的智力创作空间和个性发挥的余地，不是达到我国著作权法中“独创性”之“创”的高度。

（二）设立邻接权保护途径之探索

现阶段的人工智能还没有可以像普通人类一样思考和理解的智力，但人工智能技术达到了取代人工进行存储和推断的高度，由此产生的人工智能生成物具有作品的表现形式，如果因为此类生成物的创作过程不具有独创性，不能构成著作权法意义上的作品，从而将其归入公有领域，由此可能产生对人工智能生成物归属的纠纷，社会要

①王迁：《论人工智能生成的内容在著作权法中的定性》，载《法律科学》2017 年第 5 期。

承担由此产生的“公地悲剧”和外部性等不利后果，这不利于激励人工智能创造者和使用者的积极性，可能产生阻碍人工智能发展的效果。

邻接权产生的原因是某些有价值的非物质劳动成果因“独创性”的不足而无法受到狭义的著作权法的保护，①为保护特定文化产品的投资者、制作者的利益，设立邻接权这一专有权利。我国对独创性的要求与大陆法系国家相似，要求作品达到应有的创作高度，另外设立邻接权对独创性未达到作品高度的文化产品进行保护，但我国设立的邻接权种类远远少于大陆法系国家，这就导致随着技术的发展，一些独创性高度较低，但却可以大幅提高人类生活和工作效率的技术产生的文化产品不能受到著作权法的保护，邻接权制度的设立赋予对作品付出劳动的人享有广义上的著作权，以此来回报其对作品的投资，从而起到激励制作者的作用，这与著作权法的立法目的相符。

基于深度学习产生生成物的人工智能技术，是以已有作品构成的海量数据为基础，通过对数据特征的分析，找到已有作品的规律和模板，在面临新的问题时，寻找到解决问题的最优策略，由此产生生成物，这一过程与表演人员对作品的演绎过程类似。例如，戏剧表演人员以文字作品——剧本为基础，通过对剧本中人物、场景等要素的分析，结合已有话剧中对相同或类似剧情、场景的演绎方式，寻找到演绎现有剧本需要的状态、走位、布景等的最优策略，对其面临的现有剧本进行演绎。录音录像制作者对录音录像作品的后期制作过程也与此类似。因此，可以将人工智能建立人工神经网络，进行深度学习的过程看作对计算机算法和程序的演绎，寻找通过邻接权制度对生成物进行保护的空间。

大陆法系国家为了利用邻接权制度维持著作权的完整性，根据本国社会发展的需要和现状，设立了丰富的邻接权客体，因为邻接权并非一项封闭性的权利，可以根据现实需要进行增设，我国现有的邻接权都是针对特定的文化产品类型设置的，无法保护人工智能生成物，②因此有必要增设一项新的邻接权，将人工智能生成物作为新的邻接权客体种类，以实现对生成物的著作权法上的保护。

①王迁：《知识产权法教程》（第五版），中国人民大学出版社 2016 年版，第 194 页。

②罗祥、张国安：《著作权法视角下人工智能创作物保护》，载《河南财经政法大学学报》2017 年第 6 期。

（三）邻接权的归属

在人工智能所有者和使用者相分离的情况下，生成物邻接权的权利归属问题应根据邻接权制度设立的目的而决定，首先，为人工智能生成物设立一种新的邻接权，其主要目的是保护人工智能投资者的利益，人工智能的研发需要大量的资金和技术支持，也正因为如此，人工智能的投资者多为其所有者，将邻接权归属于投资者有利于激励投资者对人工智能的投资积极性，从而进一步促进人工智能的发展；其次，随着人工智能技术的普及，市场份额的扩大，人工智能的使用者将越来越多，在由企业使用到家用人工智能产品的趋势下，作为使用者的广大用户并未对人工智能产生的生成物付出任何劳动，也不应享有对生成物的著作权权利。

五、结语

“凡事预则立，不预则废”，在建设法治国家的进程中，我们应积极在法律制度上回应人工智能技术带来的挑战。在著作权法律制度方面，将人工智能在深度学习过程中对已有作品的复制和使用认定为合理使用，有利于克服相关市场失灵，实现发展人工智能技术的公共目标。应根据人工智能生成物的产生过程对生成物进行分类，分别讨论生成物是否受著作权保护的问题。对基于既定算法和规则产生的生成物，由于其不具有独创性，不应受到著作权法的保护；对脱离既定算法和规则，通过机器深度学习独立产生的生成物，虽然其未达到作品“独创性”之“创”的高度，但为保护人工智能投资开发者的利益，应探索设立新的邻接权对该类生成物进行保护，这符合我国著作权法对“作品”有一定高度的独创性的要求，同时，设立邻接权制度的立法体系，也有利于实现著作权法鼓励创作的立法目的。

爬虫在交通领域中的法律问题研究

罗婧瑜*

摘　要：爬虫作为数据自动抓取的方式，在交通领域的数据收集方面发挥着重要作用。作为一种程序，在实践中，爬虫的运用可能会导致侵害个人数据的风险存在，同时，不当的爬虫行为在企业之间可能导致不正当竞争行为的存在，损害正常的市场竞争秩序。本文从爬虫入手，分析在交通行业中数据收集、使用可能出现的法律风险。

关键词：爬虫；个人数据；交通

一、案例引入——“酷米客”案

“酷米客”是一款提供公交车实时位置查询的 App（应用程序），通过与公交公司达成协议，在公交车上安装 GPS（全球定位系统）来实现公交车的实时位置数据传输。同时，这部分数据还会传输给政府相关部门以实现行政监管。被告通过政府相关部门的同意，接入公交车站牌数据测试系统。在这个系统中，被告可以获取到“酷米客”提供给政府的相关数据，而且，被告为了进一步获得准确数据，不正当地绕过“酷米客”设置的技术限制，利用爬虫技术非法获取了“酷米客”的用户数据，并将这部分数据运用在自己的 App 上，产生了不正当竞争行为。

在本案中，法院认为，虽然公交车的行驶路线、行驶时间以及到站时间等具有公开性，但是原告将其进行整理、分析，使之产生了新的价值，原告凭借其技术上的优势，获得了较之现有水平更准确的数据，产生了竞争上的优势，具有市场上的经济效

---

* 作者简介：罗婧瑜，北京交通大学法学院硕士研究生。

益，应当赋予其数据的占有、使用、收益的权利。被告非经原告的同意，非法获取原告的数据，并进行使用，侵犯了原告对数据享有的权利，同时在相同行业进行使用，产生了竞争行为，侵占了原告应有的市场份额，构成了不正当竞争。[①]

二、爬虫及爬虫协议

（一）爬虫的定义

所谓爬虫，又被称为网页蜘蛛、网络机器人，在 FOAF 社区中间，更经常被称为网页追逐者，是在万维网中自动搜索并获得相关数据的一种程序。爬虫与人的正常浏览行为不同，人们在互联网上搜索并获得信息的行为是一种人与互联网交互的行为，而爬虫是自动对数据进行检索。目前不仅仅搜索引擎使用爬虫进行数据抓取，网上还有很多爬虫工具，用户可以利用工具实现数据的一键自动云抓取，加大了数据泄露的风险，带来了很多安全隐患。在大数据时代，数据成为企业最重要的资产，为了企业的发展，有些企业之间会互相签署数据共享协议，直接进行数据的分享或者允许爬虫对数据进行爬取，但是也有一些企业并没有取得授权或者为了不正当的目的，违反爬虫协议，对网站的数据进行爬取，侵犯了网站对数据享有的权利。

（二）爬虫协议

爬虫协议又称 robots 协议、机器人协议，全称是“网络爬虫排除标准”（Robots Exclusion Protocol），网站通过 robots 协议告诉搜索引擎哪些页面可以抓取，哪些页面不能抓取。该协议是通过创建一个 robots. txt 的文本文件在网站的根目录上，搜索引擎想要访问这个网站就必须先访问根目录上的 robots. txt，如果网站并未设置 robots. txt 的文本文件，那么搜索引擎可以自由对数据进行抓取；如果网站设置了 robots. txt 的文本文件，那么就对搜索引擎接下来访问网站建立了一个路径，限制了搜索引擎抓取网站信息的范围。

“爬虫协议”这一概念的产生主要是由于当时爬虫被广泛用于信息搜索及提取，导致大量信息被反复检索，以至于 CPU（中央处理器）、磁盘空间资源以及远程服务器超载[②]，同时由于不规范的爬虫行为，一些敏感信息也被爬虫抓取，侵犯了个人信

①参见广东省深圳市中级人民法院（2017）粤 03 民初 822 号民事判决书。

②PoojaJha, SoniGoyal, Tanya Kumari, etc. , Robots Exclusion Protocol, 2（5）*International Journal of Emerging Science and Engineering*（2014）.

息权。在这种环境下，爬虫协议也就产生了，用来规范爬虫行为，防止信息被过度抓取，限制爬虫访问和抓取数据的路径和范围，保护网站数据安全。在国内外的案例中，法院认为爬虫协议是能够有效阻止爬虫、保护数据权利的保护措施/技术措施。

（三）爬虫协议的法律属性

爬虫协议是网站的所有者用 robots. txt 的文本文件为蜘蛛程序提供指示说明。爬虫官网将其定义为 instruction，类似于一种抓取网站数据的说明书。[①] 这种说明书并非由官方制定产生，没有被法律予以强制性规定，因此不具有强制效力。那么违反了爬虫协议会产生什么法律后果呢？这就需要我们对爬虫协议的法律属性进行分析，目前中国对于爬虫协议的性质尚未有明确的定义。

2012 年 11 月 1 日，中国互联网协会在北京举行《互联网搜索引擎服务自律公约》（以下简称《自律公约》）签约仪式，包括百度公司、360 公司在内的国内 12 家搜索引擎服务企业现场签署了《自律公约》。该公约第 7 条明确约定，搜索引擎企业要“遵循国际通行的行业惯例与商业规则，遵守机器人协议（robots 协议）”。该公约将机器人协议与行业惯例、商业规则一并列出，认为爬虫协议应当作为一种行业惯例和商业规则来遵守。爬虫协议作为一种 protocol，是数据传递间的协议，而非 agreement，是行业间都必须遵守的习惯。网站所有者可以通过爬虫协议来设置 robots. txt，从而控制蜘蛛程序访问，是一种维护权利的途径，防止未经许可对网站内容的使用，维护合法权益不受侵犯。

习惯作为民法的非制定法的渊源，是民法的具体表现形式之一，具有法律效力。爬虫协议作为行业惯例和商业规则这一规定由《自律公约》确认，12 家搜索引擎公司签订公约，故公约对其具有约束力。违反这一约定，可能导致对个人信息权的侵犯、对网站所有人数据权的侵犯以及产生不正当竞争行为，其相应的法律后果由相关法律予以规制。

（四）“保护措施”还是“技术措施”

爬虫协议具有一定的保护性，将“爬虫协议”明确定义为一种“维护权利”的

①原文为：“Web site owners use the robots. txt file to give instructions about their site to web robots; this is called The Robots Exclusion Protocol. ” Marjitin Koster, A standard for Robot Exclusion，载爬虫协议网，http：//www. robotstxt. org/orig. html，2018 年 10 月 20 日访问。

途径，能够有效阻止爬虫的作用和功能。[①] 中国在此基础上将爬虫协议定义为一种“保护措施”。而国外大多数国家，如美国、比利时、德国等，其法院普遍认为爬虫协议是权利人保护其知识产权的一种正当的技术措施。技术措施在效果上也呈现出保护权利人的知识产权不受侵犯的效果，但是给予其更高的效力，与保护措施相比，技术措施的范围更小。中国之所以并未如国外一般将其直接定义为技术措施，主要是在于若将其定义为技术措施，可能造成泛刑事化。《中华人民共和国刑法》第285条规定了非法侵入计算机信息系统罪，其中指出采用技术手段获取计算机信息系统中存储、处理或者传输的数据，后果严重的，构成该罪。将其定义为技术措施，不利于互联网络信息的流通和技术的发展，同时也与中国当前的国情政策不符。

三、爬虫中的数据收集、利用规则

（一）数据的定性

关于数据的性质，一直以来都存在着争议，其中较为突出的就是数据是否能够纳入知识产权这一客体的问题。对于这一问题，立法者的态度发生过转变。2016年7月《中华人民共和国民法总则（草案）》（征求意见稿）在第108条第2款第8项中，将数据信息纳入知识产权的客体范围，使之成为和作品、商标、专利、集成电路布图设计、植物新品种等知识产权客体中的一类。然而，三个月之后，同年10月《中华人民共和国民法总则（草案）》第二次审议稿中，数据信息就从知识产权客体中删除。2017年3月15日颁布的《中华人民共和国民法总则》（以下简称《民法总则》）也并未再将数据信息纳入知识产权的客体范畴。

《民法总则》将数据信息从知识产权客体中删除的原因之一是对可能侵害个人权利的担忧。数据信息中包含可识别个人身份和行为的信息，如果将其纳入到知识产权客体范畴，将会出现数据采集者、数据开发者代替用户成为数据权利人的情况，从而可能导致用户的个人信息和隐私被网络服务提供者以知识产权加以控制。基于这种担忧，立法采取了谨慎态度。

作为知识产权客体的智力成果，一般均表现为一定的数据，但并不是所有的数据都是知识产权客体。笔者建议将数据划分为两个层次：一是未经处理的个人数据，此

①参见浙江省泛亚公司诉百度在线公司等侵犯著作权纠纷案［最高人民法院（2009）民三终字第2号］。

类数据涉及个人的活动方式、活动空间、活动内容，具有明显的身份特征，可以识别到个人，应将此类数据纳入个人数据权或隐私权的保护范畴。二是经过清洗、分析、挖掘等一系列处理加工后得到的非个人数据，此类数据已经不再具有可识别的个人身份要素，同时经过分析、挖掘后得到的数据再经过结构性组合，形成了具有创造性的智力成果，可以纳入知识产权客体。将此类数据作为独立的知识产权客体加以保护，可以避免大数据产业在传统知识产权框架下面临的困境，如基于大数据理念构建的数据库因缺乏独创性不能享受著作权保护；或收集的数据由于无法举证证明具有确定的商业价值而不能作为商业秘密受到保护。

（二）授权规则

亚马逊前任首席科学家 Andreas Weigend 曾说："数据是新的石油。"近年来全球数据量呈爆炸式增长，互联网、各种移动设备、传感器搜集了大量数据。据统计，全球所有数据中 90% 产生于 2011、2012 年两年。面对如此体量庞大的数据，如何对其进行开发利用，使之产生经济价值是目前数据收集、利用的重点。

《中华人民共和国网络安全法》确定了网站所有者（网站运营者）"收集、使用个人信息应当遵循合法、正当、必要的原则，公开收集、使用规则，明示收集、使用信息的目的、方式和范围，并经被收集者同意""不得违反法律、行政法规的规定和双方的约定收集、使用个人信息""任何个人和组织不得窃取或者以其他非法方式获取个人信息"的规则，明确了只有在被收集人同意的情况下，网站才能收集个人数据，网站所有人对所收集的数据具有使用的权利，其他人不得以其他方式非法获取。《信息安全技术　个人信息安全规范》里规定了个人信息的委托处理、共享、转让、公开披露方面的内容，在经过被收集人的同意后，网站所有人可以将收集的数据交由委托处理、共享、转让以及公开披露。这些规定都指明了只要经过被收集人的同意，网站所有者就享有对数据的使用、处分的权利，对数据产生的经济价值享有收益的权利。因此，当第三人想要收集、使用网站上的数据时，须通过合法的途径或者经过网站所有人的同意。

当第三人需要抓取的数据中包含个人信息时，需要遵守"三重授权"原则①，不

①参见微博诉脉脉案［（2015）海民（知）初字第 12602 号（一审）、（2016）京 73 民终 588 号（二审）］中法院在判决书中提及的抓取涉及个人信息的数据时需要遵守三重授权原则，即"用户授权 + 平台授权 + 用户授权"，给予数据类似于演绎著作权的保护。

仅需要用户授权才能对数据进行收集，第三人利用网站上的数据时也得经过网站所有人的同意，同时也需要向数据的被收集人说明数据的使用目的等以确保被收集人的知情权。爬虫在对网站中的数据进行抓取时必须遵守根目录下的爬虫协议，这也是符合网站所有者授权并经过同意的。如若爬虫不遵守爬虫协议，进行不规范的操作，其行为也就违反了数据抓取的授权规则，网站所有者有权对不规范的抓取行为进行阻止，可以以封锁 IP（网站协议）地址等方式禁止爬虫对网站数据的抓取。

1. 对个人信息权的侵犯

在爬虫抓取网站的数据时，可能存在两种情况：一种情况是，爬虫违反了爬虫协议，擅自抓取爬虫协议禁止其抓取的内容。这种情况，较好进行责任认定，如果爬虫抓取的数据中涉及个人信息甚至个人隐私，并加以利用的话，侵犯了数据被收集者的个人信息权的责任由违反爬虫协议方承担。同时，微博诉脉脉案还确立了一个规则：数据控制方对于第三方侵害用户信息权利的行为有权提起诉讼。网站所有者对于爬虫违反爬虫协议导致数据被收集者个人信息权被侵害的，有权提起诉讼。另一种情况是，爬虫遵守了爬虫协议，但是由于网站所有者对网站所有的数据没有很好地进行脱敏处理，导致敏感数据与一般数据混作一谈以及个人信息的泄露，这种情况下，如果第三人明知其是敏感信息仍然加以利用的话，要和网站所有者承担连带责任；如果不知的话，就由网站所有者承担过错侵权责任。

2. 爬虫与不正当竞争

在运用爬虫进行数据抓取后，当然性地会对所抓取的数据进行处理。此时就涉及不正当竞争问题。例如，本文的案例引入中，被告就是不当抓取了数据从而与原告“酷米客”进行同行竞争，从而产生了不正当竞争行为。当爬虫违反爬虫协议进行数据抓取时，很容易就产生了不正当竞争的问题，这时就需要用反不正当竞争法进行规制。还有一种情况就是，网站所有者所设置的爬虫协议是否违反了反不正当竞争法的问题。爬虫协议作为一种行业惯例和商业规则被遵守，那么就有爬虫协议是善意的和恶意的争议。网站所有者甚至可以通过设置规则繁杂的爬虫协议拒绝行业竞争者对其数据进行抓取，这是否也存在不正当竞争的问题呢？在这种恶意的情况下，爬虫协议是否还有遵守的必要？这是我们需要讨论的问题。

在交通领域，网站所有者为了提供更优质的服务，通常都会要求用户提供大量的数据以便于优化其服务，在这种情况下，数据就成为网站最重要的一部分资产，为了限制竞争，一些网站所有者会设置一些爬虫协议防止同行的数据抓取。判断其行为是否构成不正当竞争首先要从不正当竞争的构成要件上进行分析。第一，需要是“市场竞争”行为，具有营利性目的。反不正当竞争法对于“非市场行为”不进行规制。第二，这种行为的实施是为了进行不正当竞争，即行为的实施具有目的性，行为对象是市场竞争者，双方存在行业竞争。第三，这种行为是违反商业道德的。符合商业道德是认定行为正当性的重要标准，这里的商业道德与民法中一般原则相类似，如果行为人违反了诚实信用原则，损害了社会公共利益和权利人的合法权益，就认为其违反了商业道德。在涉及爬虫协议时，我们要考虑爬虫协议的正当性以及合法性，其中在《自律公约》第 8 条就指出，“……限制搜索引擎抓取应有行业公认合理的正当理由”。这里的正当理由我们可以认为是符合商业道德的，满足民法一般原则的，同时还要求这种正当理由要是“行业公认”的，这种“公认”是可以被证明的。同时，《自律公约》还对爬虫协议的设置规定了兜底性原则，即“公平、开放和促进信息自由流动”，以维护市场秩序的稳定。

（三）实时地理信息的收集和利用

交通领域中比较特殊的就是会涉及大量的实时地理位置信息的传输。在爬虫收集交通信息的过程中，我们首先要解决的是对地图及定位系统进行法律分析。在我国，测绘和地理信息的收集属于《中华人民共和国测绘法》《地图管理条例》《关于加强互联网地图管理工作的通知》等政策法规的规制范围。法律规定，只有具有相应资质的公司才能进行测绘和地理信息收集，并且涉及国家秘密的测绘信息需要特殊管理。因此，在实践中就会出现许多不具有资质的公司通过与具有资质的公司开展合作从而进入此行业中来的情形。特别是在无人驾驶领域，很多互联网企业可能不具有测绘资质，但是由于需要对路况等临时信息进行传输、处理，由此而来的大量的测绘信息可以通过无人驾驶车辆传输给制造商，在这种意义上，制造商就会被称为测绘者，需要具备测绘资质。同时，还会有一批企业，虽然没有测绘资格，也没有测绘设备，但是通过签订协议的方式，通过爬虫的方式获得了测绘公司手中的原始数据。在这种情况下，又怎样对这部分企业进行规制也是一个问题。在这种情况下，传统的行政管理方法就可能存在效率低下的问题，甚至会阻碍无人驾驶行业的发展，因此就需要对资质管理进行符合时代发展的改革。

在我国，目前尚未有具体的法律对位置与交通信息进行具体的规制。法国相关法律认为交通流量数据应当被删除或匿名，只有满足了例外条件，交通数据才能被保留下来，其中就强调了用户的同意。在德国，认为交通流量数据属于个人数据，只有基于必要的服务、检测、维修的目的，流量数据才能被使用，且只能用于先前已告知的用途或者是已取得用户的同意。在爱尔兰，对于位置数据，除非已经进行匿名化处理或者获得用户的同意，否则不能进行处理，同时需要保障用户的知情权。荷兰相关法律规定，流量数据在传输通信不再需要时，必须删除或匿名，除非被用于增值服务且经过同意；Cookies 的使用需先经过用户同意，如果未获同意，网站运营者可以拒绝访问，认为通过 Cookies 收集的信息是个人数据。在英国，对于 Cookies 使用的同意包含暗示同意。美国法特别对涉及 13 岁以下儿童的位置信息的收集作出了特殊的规定，要求必须符合《儿童在线隐私保护法》（COPPA）的相关规则的要求，获得事先可核实父母的同意。

（四）数据跨境问题

在交通领域，涉及大量数据跨境的问题。特别在目前经济高速发展的时代，交通运输经常需要进行跨境运输，在这种情况下，搭载的 GPS 等系统就存在着跨境数据传输的问题。在交通工具的制造方面，大量的跨国企业进行全球分工，这其中必然蕴含着数据跨境传输的问题，特别是无人驾驶汽车，由于技术含量较高以及成本巨大，大量的外资注入企业，数据作为企业重要的资产，可能导致信息的跨境传输。2018 年 6 月 28 日，国家发展改革委、商务部发布了《外商投资准入特别管理措施（负面清单）》（2018 年版），放宽了汽车、飞机、船舶行业的外资限制，以及铁路运输、海上运输、国际船舶代理的外资限制，必然会导致境外的数据需要传输入境以及境内的数据需要传输出境的问题，因此如何合法地对数据进行利用和再利用是我们需要解决的。

《中华人民共和国网络安全法》（以下简称《网络安全法》）第 37 条规定："因业务需要，确需向境外提供的，应当按照国家网信部门会同国务院有关部门制定的办法进行安全评估；法律、行政法规另有规定的，依照其规定。"原则上，在境内收集的数据和个人信息，应当储存在境内；如果确需向境外提供的，应当进行安全评估。数据跨境安全评估制度在一定程度上确实会阻碍信息的流动，可能会阻碍行业的发展。目前，我国对于跨境数据的相关具体规定还在征求意见阶段，《个人信息和重要数据出境安全评估办法（征求意见稿）》《关键信息基础设施安全保护条例（征求意见稿)》作为《网络安全法》的下位法，是与法律条文相配套的数据出境安全评估办法。但是国际上已经形成了一套相对完善的跨境数据制度，包括美国与欧盟订立的隐私盾协议（EU – U. S. Privacy Shield)、《欧盟通用数据保护条例》（GDPR）中设置了跨境数据流动的条件，包括在充分性决定的基础上的传输，同时个人数据还可以在受到适当保障的情况下进行传输。通过进口国获准清单的方式，同时辅以几种替代方式来进行数据跨境传输。GDPR 还规定在“有约束力的公司规则”“经批准的行为规范”的安全保障中可以对个人信息进行企业间转移。这些规定比起我国的规则来说就要灵活很多，在国际经济贸易中，跨境交通运输带来了大量的数据跨境传输的问题，其中可能涉及个人隐私、公司的商业秘密甚至是关系到国家安全。所以在适用国际上的跨境数据规则时，我们也迫切地需要建立符合我们利益需求的规则给予跨境数据合理地流通。

四、结论

爬虫在互联网上运用十分广泛，特别是当代经济贸易都需要依靠互联网来进行，在交通领域，爬虫收集数据可以说会贯穿整个行为的始终。首先就是授权规则，只有获得用户的同意才能对数据进行收集，同样只有获得网站所有者的同意才能对数据进行爬取。只不过很多时候，网站都是通过设置爬虫协议对爬虫行为进行规制，只要遵守了爬虫协议，网站所有者也就允许对网站的数据进行爬取。从对地理信息进行测绘到位置信息的收集，都可能会出现爬虫的身影，由于我国目前尚无具体的法律规范，所以还需要用其他的法律予以规制。同时结合当代的全球经济的现状，有很多跨国跨境的交通运输行为出现，我国由此也对国际船舶代理与国际海上运输取消了外资限制，这在带动经济发展的同时，也使我国面临着大量数据跨境传输的问题。在目前中国严格限制数据跨境传输的环境下，就会出现一部分爬虫非法获取网站信息，从而侵犯网站对数据的权利。在交通领域方面，我国关于数据的法律制度体系建立还不够完善，需要我们结合我国国情，同时与世界接轨，为大数据时代中国经济的发展做好保障。

大数据时代“被遗忘权”之权利属性及本土化发展研究

聂真璇子*

摘　要：大数据时代的到来，既给生活带来了方便，也为个人信息保护带来了巨大的挑战。“被遗忘权”是一项新兴权利，在世界范围内仍处于尝试阶段并存在诸多争议。现如今欧盟及美国等国家或地区组织对“被遗忘权”的态度不一，且具有较大差异，主要体现在对“被遗忘权”的权利属性及权利边界等问题的探讨上。同时，对“被遗忘权”的本土化，既是对我国法律体系的挑战，也是我国法律机制在应对大数据时代做出变革的机遇。本文将对上述问题进行初步探析，希望为“被遗忘权”的进一步探索做出些许贡献。

关键词：大数据时代；被遗忘权；权利属性；权利边界

一、“被遗忘权”的起源与发展

“遗忘”是人类的天性，人类对事物的认识往往经过“记忆—遗忘”的过程，然而大数据时代的到来打破了人类本来的认知平衡。互联网运用数字存储器、云计算等将人类在互联网上所有的行为存储下来，形成数字化记忆，降低记忆成本，切断了遗忘的过程。公民海量的个人信息（包括私密信息和非私密信息）在互联网上被存储且易于被获取及应用，个人信息泄露的风险将大大增加，使犯罪分子有可乘之机，从而诱发源于个人信息被窃取的网络诈骗案件，如“徐××案”等。“被遗忘权”的

* 作者简介：聂真璇子，北京交通大学法学院硕士研究生。

提出被认为是法律对于网络时代颠覆以往人类社会信息生命周期发展规律的一种重要纠偏机制，通过拟制遗忘使信息得以正常新陈代谢，维护“记忆—遗忘”的平衡。公民可以通过行使“被遗忘权”使个人信息在网络中被遗忘，使个人信息得到安全保护。

在欧洲，个人数据的保护极其重要，甚至被视为一项基本人权。在此背景下，欧洲也成为“被遗忘权”的发源地。“被遗忘权”的概念最早见于20世纪70年代的法国。在法国相关法律中，该权利的行使主体是罪犯，服刑期满的罪犯具有可拒绝公开其犯罪记录和服刑记录的权利。① 其后对“被遗忘权”的规制则以欧盟为主。欧盟先后制定了《欧洲数据保护指令》《一般数据保护条例》等对“被遗忘权”进行探索，其中被称为“世界保护个人信息最严格”的《一般数据保护条例》已于2018年5月25日在欧盟全体成员国正式生效；“被遗忘权”最有代表性的案件——“冈萨雷斯诉谷歌被遗忘权案”也在欧洲发生，并于2014年在欧盟法院作出判决，“被遗忘权”得到支持并引发了世人的关注。

二、欧盟与美国“被遗忘权”立法的差异比较

如上文所述，欧盟对个人信息的保护极为重视，这也可以从《一般数据保护条例》中“被遗忘权”的立法过程有所感受。2012年11月欧盟出台了《一般数据保护条例（草案）》，在第17条正式增设“被遗忘和删除权”（right to be forgotten and to erasure），规定“信息主体有权要求信息控制者删除与其个人相关的资料信息，尤其对不满18周岁的未成年人信息主体”。2014年6月，欧盟拟定新版本的《一般数据保护条例（草案）》，将原第17条“被遗忘和删除权”更改为“删除权”，并删除了对“当信息主体是未成年人”的着重强调，转而对“信息主体有权要求任何已知第三方删除针对上述信息的所有复制和链接”进行了明确。2016年4月，欧盟通过了《一般数据保护条例》，其第17条规定为“删除权（被遗忘权）”，首次明确以立法形式规定了被遗忘权，并针对该权利的行使规定了6种情况及5种例外情况。

不同于欧盟对“被遗忘权”规制的完善，美国对“被遗忘权”的规制较为谨慎，大致有以下3个层面的理由。在法律精神层面，美国认为“被遗忘权”违背了《美

---

①Rosen J, *Right to be Forgotten*, 64 Stanford law review online 88 (2012).

国宪法第一修正案》中“国会不得制定法律限制或剥夺言论自由、出版自由”的规定。当个人信息保护与言论自由权产生冲突时，美国往往将个人信息保护置于较低位阶，认为应坚持言论自由的基本精神；在经济层面，美国将个人信息保护的重任寄托于行业自律而辅之以立法保护，同时美国的互联网行业高度发达，若将“被遗忘权”进行立法保护，将对信息网络产业的发展带来较大阻碍；在国家安全层面，美国政府认为国家安全战略具有至高无上的地位，为避免“9·11”事件等危害国家安全事件的再次发生，美国政府必须严密掌控全球网络信息，若对“被遗忘权”进行法律规制，无疑将对美国政府的国家安全战略予以限制。因此“被遗忘权”在美国的生存土壤较为薄弱。然而即使如此，美国仍对“被遗忘权”存在的必要性予以承认，规定了“限制性的被遗忘权”。例如，2013 年美国加利福尼亚州签署的“橡皮擦法案”中规定，未成年人有权要求社交网站删除其发布在网络上的个人信息，以避免因其防范意识淡薄而带来的诸多问题。

三、“被遗忘权”的概念界定及权利属性

（一）“被遗忘权”的概念界定

对“被遗忘权”概念的讨论目前存在不同观点，欧盟法院在“冈萨雷斯诉谷歌案”的判决中，将被遗忘权界定为信息主体享有要求搜索引擎运营商对网络上存在的包含涉及自身的不好的、不相关的、过分的信息链接进行删除的权利。① 欧盟《一般数据保护条例》第 17 条将“被遗忘权”规定为信息主体享有要求信息控制者删除与其具有相关性的信息，并有权要求任何已知的第三方主体删除针对上述信息的所有链接的权利。② 我国学者杨立新、韩煦认为“被遗忘权”是指信息主体对已经发布在网络上的，有关自身的不恰当的、过时的、继续保留会导致其社会评价降低的信息，要求信息控制者予以删除的权利。③

笔者认为对“被遗忘权”概念的界定主要有两个争议。第一，在司法实践中难以界定“社会评价降低”这一主观并无统一衡量标准的要素。倘若将“社会评价降

①See Google Spain v AEPD and Mario Costeja Gonzlez，http：//en. wikipedia. org/wiki/Google_Spain_v_AEPD_and_Mario_Costeja_Gonzúlez，2018 年 5 月 14 日访问。

②See General Data Protection Regulation Article 17.

③杨立新、韩煦：《被遗忘权的中国本土化及法律适用》，载《法律适用》2015 年第 2 期。

低”这一模糊标准确定为“被遗忘权”成立的要素，将在一定程度上降低“被遗忘权”的适用率，不能达到“被遗忘权”设立的目的。同时，从欧盟《一般数据保护条例》的立法趋势上看，在正式颁布的《一般数据保护条例》中，“社会评价降低”不再是行使“被遗忘权”的理由，从而尽量降低主观因素的影响。因此，笔者认为界定“被遗忘权”的概念不必过分纠结于主观影响，可从信息相关性角度着手分析。第二，目前许多学者将“被遗忘权”的实现方式确定为“删除”。笔者认为，“被遗忘权”行使的结果不是将数据从互联网世界完全删除，而是让相关数据具有不可搜索或难以搜索的特性，使得一般人在通常情况下难以搜索到相关数据，进而达到数据“被遗忘”的效果。① 凡是能达到这一效果的都是合适的措施，包括更新、在搜索结果中列后排列、表明争议内容②、消除检索等方式来降低信息获得访问的便利性，或者以匿名化的方式切断信息与其主体之间的关联。只有当这些方式均无法满足“被遗忘权”的需求时，才需使用删除的手段。因此，“被遗忘权”的实现方式可以列举式的立法技术规定删除、更新、消除检索等控制信息无法被搜索的方式。

综上，笔者认为“被遗忘权”是指信息主体对已经发布在网络上的，有关自身的不恰当的、过时的、不相关的信息的链接，要求信息控制者通过删除、断开链接等方式使信息无法被搜索的权利；信息的保留有合法理由的除外。

（二）“被遗忘权”的权利属性

1. 隐私权与个人信息权之辩

“被遗忘权”属于人格权范畴是毫无疑问的，但其具体权利属性却一直颇有争议，主要观点有隐私权说、个人信息权说及独立人格权说。持隐私权说的学者认为“被遗忘权”应归属于隐私权，例如，彭支援认为“被遗忘权是隐私权的延伸，其权利属性是隐私权”。③ 持个人信息权说的学者认为“被遗忘权”应归属于“个人信息权”，例如，郑文明认为“被遗忘权本质上应属于信息自决权，并非早期隐私权”。④

---

①Attorney Kim befly A. W. Peaslee, Does The U. S. Need a “Right to be Forgotten?, *New Hampshire Bar Journal* 3 (2015).

②See George Brock, *The Right to be Forgotten: Privacy and the Media in the Digital Age*, I. B. Tauris & Co. Ltd., 2016, p. 97.

③彭支援：《被遗忘权初探》，载《中北大学学报》（社会科学版）2014 年第 1 期。

④郑文明：《数字遗忘权的由来、本质及争议》，载《中国社会科学报》2014 年 12 月 3 日。

还有一部分学者认为“被遗忘权”是一种独立的人格权，例如，满洪杰认为“将被遗忘权归入信息自主权则是有问题的，被遗忘权与删除权存在区别，删除或控制个人信息是手段而非目的，以手段界定权利实为本末倒置”。①

目前，关于“被遗忘权”的权利属性之辩以“隐私权说”和“个人信息权说”为主，“独立的人格权说”由于并无相关立法与司法实践以及理论基础较为薄弱暂被搁置。其中，“隐私权”与“个人信息权”之辩实质是美国法模式与欧洲法模式之辩。受美国法模式影响大多数学者认为“被遗忘权”属于“隐私权”。在美国法模式下，“隐私包括个人信息，个人信息权被隐私权所包含，可从隐私权的角度来界定其权利范围”。② 对于个人信息权的保护都是出于隐私权的范畴，正如王泽鉴教授所认为的，隐私权概念包含私密领域与信息自主，从广义上解释，个人信息权应被隐私权包含，无须独立创设。③（见图 1）

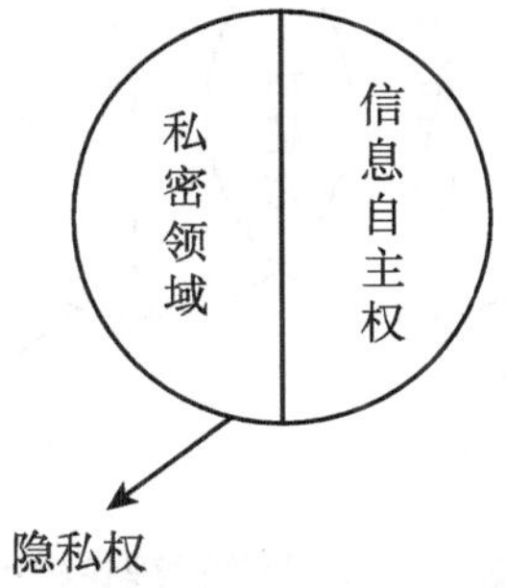

图 1　王泽鉴教授理论模型

同时，有学者认为，在我国现行法律中，隐私权已经被定性为一项具体人格权，并已在《中华人民共和国侵权责任法》（以下简称《侵权责任法》）第 2 条第 2 款④中加以规制，若将“被遗忘权”归属于隐私权，则可减少立法成本。

在欧洲法模式下，个人信息权作为一项独立的权利，欧洲国家将其置于极其重要

①满洪杰：《被遗忘权的解析与构建：作为网络时代信息价值纠偏机制的研究》，载《法制与社会发展》2018 年第 2 期。

②王利明：《论个人信息权的法律保护——以个人信息权与隐私权的界分为中心》，载《现代法学》2013 年第 4 期。

③王泽鉴：《人格权法——法释义学、比较法、案例研究》，北京大学出版社 2013 年版，第 208 - 209 页。

④《侵权责任法》第 2 条规定：“侵害民事权益，应当依照本法承担侵权责任。本法所称民事权益，包括生命权、健康权、姓名权、名誉权、荣誉权、肖像权、隐私权、婚姻自主权、监护权、所有权、用益物权、担保物权、著作权、专利权、商标专用权、发现权、股权、继承权等人身、财产权益。”

的位置，甚至将其认定为一项基本人权，因此欧洲国家认为将“被遗忘权”纳入到个人信息权范畴更为合适。王利明教授认为个人信息权区别于隐私权是一项独立的权利，它是指信息主体对自身信息所享有的控制权，这种控制权可以消极地排除他人使用，也可以自主控制信息适当传播，且大多数是以这种积极的方式行使。① 个人信息权与隐私权互相独立，但在“生活秘密”部分存在重合。

在王利明教授的理论下，“被遗忘权”所追求的对个人信息控制的权利与个人信息权不谋而合，“被遗忘权”应被纳入个人信息权范畴（见图2）。同时从目前我国学者的讨论来看，大多数学者倾向于独立规定个人信息权。2017 年全国两会期间提交的《关于制定〈中华人民共和国个人信息保护法〉的议案》提出应尽快制定《中华人民共和国个人信息保护法》的建议。

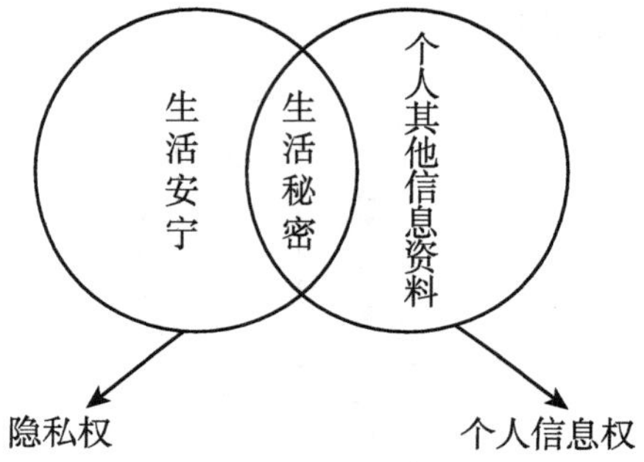

图 2　王利明教授理论模型

2. “被遗忘权”应被纳入个人信息权范畴

结合以上分析，笔者认为采用王利明教授的理论模型，将“被遗忘权”纳入个人信息权更为合理，主要有以下两点理由。

第一，从权利客体上看，隐私权强调信息的非公开化，其所规制的内容应是私密信息；个人信息权则比隐私权的规制客体更为广阔，其规制的个人信息仅为具有识别性的个人信息，并不限制于非公开信息。②“被遗忘权”制定的核心在于删除过时的、不恰当的个人信息，以达到弱化他人记忆、保护个人数据安全的目的。如若认为“被遗忘权”应归属于隐私权范畴，则意味着“被遗忘权”所规制的内容将被限制为非公开信息，这显然不符合“被遗忘权”的规制范围。例如，“冈萨雷斯诉谷歌案”

①王利明：《隐私权概念的再确定》，载《法学家》2012 年第 1 期。

②梁辰曦、董天策：《试论大数据背景下“被遗忘权”的属性及其边界》，载《学术研究》2015 年第 9 期。

中，冈萨雷斯要求谷歌公司将提及他因债务危机而拍卖房产的报道链接删除，这则报道中所提及的内容并非私密信息，但因该内容已经过时且对冈萨雷斯的生活产生了负面影响，欧盟法院适用“被遗忘权”裁定谷歌公司将相关链接予以删除。由此笔者认为个人信息权所保护的权利客体范围更加全面，将“被遗忘权”归属于个人信息权更符合公民利益。

第二，从权能上看，隐私权的保护虽有决定是否利用自己隐私谋利的事前性的保护，但其通常是一种事后的、消极的保护，往往发生在其私密信息被违法披露后，进行被动的防御；个人信息权的保护通常是一种事前的积极的保护，核心在于对信息的控制权，这里的“控制权”是指信息主体有权对自己的信息进行更新和删除，同时可以了解自身信息的用途、去向和使用情况等。[①]“被遗忘权”与个人信息权的权能更为相似，表现为可自主决定是否对被公开的信息进行删除。

四、权利边界：“被遗忘权”与“言论自由”的冲突

“被遗忘权”权利人所主张的对自身信息予以删除与言论自由精神之间存在矛盾，如若不对“被遗忘权”的边界进行明确规定，容易造成权利的滥用。例如，在2014年5月“冈萨雷斯诉谷歌案”作出判决后至该年年末，谷歌在全世界范围内收到了公民行使“被遗忘权”而发出的共498737条要求删除信息的投诉，如此大量的删除要求给互联网公司增加了极大的运营和经济负担，进而阻碍大数据信息产业的发展，甚至对国家的社会管理产生不利影响。从上文分析我们得知，美国对“被遗忘权”规制谨慎正是因为“被遗忘权”违背了《美国宪法第一修正案》中“国会不得制定法律限制或剥夺言论自由、出版自由”的规定。另外，欧盟虽极力推行“被遗忘权”，并在《一般数据保护条例》中予以规制，但其仍考虑到言论自由的边界而在“被遗忘权”的适用范围上进行限制，规定了5种例外情况，分别是保障言论自由与信息自由，存在法定义务，公共卫生领域的公共利益，为公共利益、科学或历史研究、统计的目的，为法律请求的成立、行使或抗辩。

在此背景下，如何明确“被遗忘权”的权利边界以及行使方式，寻求个人信息保护与言论自由之间的最佳平衡是对立法者的重大挑战。对此，针对“个人信

①梁辰曦、董天策：《试论大数据背景下“被遗忘权”的属性及其边界》，载《学术研究》2015年第9期。

息权”的相关探索经验值得借鉴。北美采取“个案平衡法”的方式进行审理，这种审理方式主要依靠法官的主观能动性，法官在审理案件时会根据个案的具体情况，并依照社会的一般认知和经验进行衡量，从而裁决在该案中“个人信息权”是否受到“表达自由权”的限制。欧盟采取的是“比例原则法”，这种审理方式主要依靠比例原则所包含的三个要件——必要、适当、合乎比例进行衡量，法官应将信息主体提出的有关“个人信息权”的诉求与比例原则三个要件进行权衡比较。①我国司法实践对裁定“被遗忘权”也有初步尝试，在审理我国“被遗忘权”第一案时，法官认为只有当数据主体的要求具有正当性和必要性时，“被遗忘权”的请求才能得到支持。

五、“被遗忘权”在我国本土化的思考

（一）我国“被遗忘权”第一案的检视

2016 年 5 月，我国首例“被遗忘权”案——“任××诉百度”案的审结将“被遗忘权”这项新兴权利带入我国学术视野，引发广大关注。原告任××作为教育管理界人士，曾与某教育公司有短暂的业务合作和媒体宣传关系，在百度输入任××的姓名时，其搜索结果中将任××与该教育公司相关联。但由于某教育公司声誉不佳，任××认为该负面信息已经严重影响到其就业、工作交流和日常生活。在其不断向百度公司主张权利并要求删除相关链接之后，百度公司并未采取任何行动。因此任××以百度的搜索结果中含有对自己造成负面影响的内容侵犯了自身名誉权、姓名权、一般人格权（“被遗忘权”）为由提起诉讼。一审法院认为，我国现行法律中并未规定“被遗忘权”的相关内容，原告律师所引用的国外法律及判例不能成为我国保护“被遗忘权”的法律渊源。人格权所保护的人格利益，既包括类型化的人格利益，也包括未被类型化但应该受法律保护的人格利益。未被类型化的人格利益若想得到法律保护，同时必须具备利益的正当性和保护的必要性。任××在本案中主张应“被遗忘”信息的利益不具备利益的正当性和保护的必要性，不能成为侵权保护的正当法益。任××对此判决结果不服并提出上诉，二审

①齐爱民、李仪：《论利益平衡视野下的个人信息权制度——在人格利益与信息自由之间》，载《法学评论》2011 年第 3 期。

法院驳回上诉维持原判。①

有学者将本案与“冈萨雷斯诉谷歌案”相比较，认为两案在“被遗忘权”的探讨上存在较多相似之处，以此认为我国法院对引入“被遗忘权”持否定态度。但笔者认为，两案的具体情况存在较大差距，不可简单定论。其主要差别在于两案中个人信息被发布在网络上的目的不同。“冈萨雷斯诉谷歌案”中，原告冈萨雷斯的个人信息被西班牙劳动部和社会保障部发布在《先锋报》的一份清单中，目的是在拍卖中获得更多的竞价者。2016 年后，该目的已实现完毕，符合欧盟立法中“目的用尽”条件，可被删除。“任 × ×诉百度公司案”中，任 × ×与某教育公司的关键词是搜索引擎中搜索次数的客观体现，也是对任 × ×职业经历的客观描述，并无侮辱诽谤内容，并不存在网络侵权，也并无实现信息发布目的。

与此同时，我国法院在判决中未支持任 × ×关于“被遗忘权”诉求的主要原因是我国并未规定“被遗忘权”，任 × ×主张的“被遗忘”的信息必须符合正当性和受法律保护的必要性等网络侵权条件。由此可见，我国法院并未否定“被遗忘权”的引入。但法院判决中也存在矛盾之处，一方面法院将“被遗忘权”作为一般人格权中的人格利益予以认定，认为其是一种非类型化的权利，若其为人格权则该权利一旦遭到破坏可直接得到保护；然而，另一方面法院又认为该权利得到保障的前提是符合正当性、保护必要性等网络侵权要件。法院判决的矛盾性直接体现了我国“被遗忘权”处于我国法律规制的空白之处，在法律适用上陷入僵局。

（二）“被遗忘权”在我国的立法土壤

我国现行法律虽未直接规定“被遗忘权”，但已经可以看到它的痕迹。2005 年学者齐爱民在其发表的《中华人民共和国个人信息保护法示范法草案学者建议稿》的第 19 条中，最早将“删除”上升为一项权利，规定在个人信息被非法储存以及当信息控制者执行职责完毕已无知悉该个人信息的必要时，该个人信息应当被删除。② 然

①参见“任 × ×与北京百度网讯科技有限公司人格权纠纷案”［北京市海淀区人民法院（2015）海民初字第 17417 号民事判决（一审）和北京市第一中级人民法院（2015）一中民终字第 09558 号民事判决（二审）］。原告主张，通过百度搜索其姓名可出现“无锡某氏教育任某”等结果，而其已于 2014 年离职，百度公开其个人信息侵害其名誉权、姓名权及作为一般人格权的“被遗忘权”。一审法院认为，原告主张被遗忘权试图向后续客户隐瞒其工作经历，不具有正当性，因此驳回原告诉讼请求；二审维持原判。

②齐爱民：《中华人民共和国个人信息保护法示范法草案学者建议稿》，载《河北法学》2005 年第 6 期。

而该建议稿只是专家学者的讨论意见，并不具备法律效力，仅能作为个人信息保护的参考。2011 年 1 月，国家工信部为更好地保护个人信息，颁发了《信息安全技术公共及商用服务信息系统个人信息保护指南》。在该指南中，个人信息的处理过程被分为收集、加工、转移和删除四个环节，其中“删除”被认定为“使个人信息在信息系统中不再可用”，即当信息主体因正当理由要求信息控制人删除其个人信息时，信息控制者必须及时对有关信息资料进行删除，以致该信息资料在信息系统中达到不再可用的状态。① 2012 年 12 月，全国人大常委会为加强对网络信息安全的保护通过了《关于加强网络信息保护的决定》。该决定首次在立法中提出信息主体的删除权。目前国内现行法律中与“被遗忘权”的适用直接相关的是《侵权责任法》第 36 条有关网络侵权责任的规定，② 该规定虽是从过错责任原则和侵权责任一般条款的角度进行分析，与“被遗忘权”中一旦出现损害权益行为立即适用的原则不符，但该条款是在我国现行法律规制下对“被遗忘权”所保护的权益进行规制的最直接有效的法律条款。同时，该条款也具有被改造为“被遗忘权”保护的接口的可能性。

综上，我国现行法律虽并未直接明确规制“被遗忘权”的具体内容，但早已存在“被遗忘权”的痕迹。同时，现行法律与“被遗忘权”的内容相契合，为“被遗忘权”的规制预留了立法空间，提供了良好的立法土壤。

（三）“被遗忘权”在我国的发展路径思考

对于我国是否应引进“被遗忘权”的问题，我国大多数学者持肯定态度。但是对于“被遗忘权”的引进路径问题，却存在不同的看法，无法达成共识。例如，学者杨立新、韩煦认为，按照实用主义的做法，在理论上应将“被遗忘权”作为个人信息权的内容，在司法实务上，可将“被遗忘权”归为隐私权进行保护。③ 对此观点笔者认为在司法实践中恐难以达成两全其美的效果。上文笔者已对个人信息权与隐私权的区别做出相应分析，并得出“‘被遗忘权’应归属于个人信息权”的结论，其中

①《信息安全技术公共及商用服务信息系统个人信息保护指南》，载百度，http：//baike. baidu. com/view/9995442. htm，2018 年 5 月 20 日访问。

②《侵权责任法》第 36 条规定：“网络用户、网络服务提供者利用网络侵害他人民事权益的，应当承担侵权责任。网络用户利用网络服务实施侵权行为的，被侵权人有权通知网络服务提供者采取删除、屏蔽、断开链接等必要措施。网络服务提供者接到通知后未及时采取必要措施的，对损害的扩大部分与该网络用户承担连带责任。网络服务提供者知道网络用户利用其网络服务侵害他人民事权益，未采取必要措施的，与该网络用户承担连带责任。”

③杨立新、韩煦：《被遗忘权的中国本土化及法律适用》，载《法律适用》2015 年第 2 期。

一个重要原因是个人信息权的客体相较于隐私权而言更加广泛，隐私权所规范的客体仅为私密信息，无法对“被遗忘权”的客体进行规制，目前所存在的不相关、过时的信息侵犯人格权的问题仍然无法得到解决，因此在司法实践中，“隐私权”不能替代“被遗忘权”。

笔者认为对“被遗忘权”的立法可在我国现有的法律框架下建立“长期以创设新法规制，短期以行政法规规章保护”的发展路径。从长期来看，经过上文对“被遗忘权”权利属性的分析，我们可以将“被遗忘权”看作是个人信息权的一项具体权利内容。结合欧盟的立法经验以及我国学界对设立“中华人民共和国个人信息保护法”的呼声，笔者认为可以制定一部个人信息保护法，全面确认个人信息权，以单行民事立法的模式保护个人信息权，并规定“被遗忘权”是其权利内容，这也是对权利人进行全面保护、提供有效救济的最有效途径。从短期来看，鉴于立法工作历时较长，而对“被遗忘权”的保护较为紧迫的现状，可以《决定》相关内容为根据，先行制定保护个人信息安全的行政法规或规章，或是增加司法解释，在其中渗透“被遗忘权”的相关理论并细化其内容，使相关信息主体可根据此类规定实现个人信息的保护，免受应过时的、不恰当的信息导致人格利益受损的困扰。与此同时，此类行政法规规章及司法解释也可为“个人信息保护法”的制定打下良好的立法基础。

六、结语

“被遗忘权”作为因大数据时代到来而被推到世人面前的一项新兴权利，因各国文化及法律精神不同而被以不同的态度予以对待。在对个人数据保护极其严苛的欧盟，“被遗忘权”的法律地位极其重要；而在立法土壤相对较为薄弱的美国，在个人信息保护与言论自由精神的博弈下，美国虽有个别州对“被遗忘权”有所规定，但在整体范围内仍不敢向前迈进。目前国内外学界及司法实践对“被遗忘权”的相关理论仍存在争议，其中对概念界定、权利属性及权利边界的讨论尤为激烈。笔者认为目前对“被遗忘权”定义仍在主观影响、行使方式及例外规定上可进一步探讨，而对其权利属性的争论，笔者认为“被遗忘权”应归属于个人信息权，并对此提出两个理由，分别基于个人信息权与隐私权的客体范围及权能进行比较分析。在“被遗忘权”与言论自由的边界讨论上，笔者认为对“被遗忘权”有规制的必要性，但应进行相应限制以免造成权利的滥用。对“被遗忘权”的焦点问题进行了分析后，笔者对我国引入“被遗忘权”进行了初步探讨及展望，从对我国“被遗忘权第一案”的检视及对立法土壤进行分析后，笔者发现我国具有引入“被遗忘权”的法律基础，但在具体引入路径上仍应深思熟虑，对此笔者提出长期以创设新法规制、短期以行政法规规章保护的发展路径，以供探讨。

共享经济下网约车民事主体责任问题研究

秦若兰*

摘　要：共享经济是网约车的基础，网约车通过移动互联网和大数据平台搭建了一个相对封闭的个人对个人的客运市场，是一种新型的交通业态。作为共享经济背景下新出现的经济形态，目前我国法律对此没有明确规定，导致网络约车市场出现各种乱象，民事纠纷不断涌现。

关键词：共享经济；网约车；民事主体责任

随着互联网技术的飞速发展，共享经济应运而生。共享经济是指社会成员以公平有偿的方式重新配置并合理利用社会资源，共同分享经济利益，触及交通、教育、住宿、生活服务及旅游等领域，共享经济公司层出不穷，如共享出行公司的代表滴滴打车，共享空间的代表 Airbnb，面向全球的在线工作平台 AAwork 等。① 共享经济可以说颠覆了人们长期以来的思维观念和消费模式。

共享经济兴起的典范就是网约车行业。网约车是指借助于互联网技术，由约车平台匹配供需双方的信息，为乘客提供车辆和驾驶劳务的非巡游预约出租车服务。当网约车出现交通事故时，其责任认定和分担上不同于一般的交通事故。在一个案例中，滴滴司机王某将客人送至目的地后，返回途中与驾驶自行车的小马相撞。肇事司机认为，他是从滴滴公司领取了车辆，每月都要给滴滴公司上缴租金，所以应由滴滴公司承担赔偿责任。而滴滴公司认为，自己只是将客户的用车需求信息提供给运营方，充当一个信息提供的角色来撮合两方的交易，故不应承担任何责任。双方各执己见，可

* 作者简介：秦若兰，北京交通大学法学院硕士研究生。

① 车海刚：《在市场和法治轨道上推进共享经济》，载《中国发展观察》2016 年第 15 期。

见网约车交通肇事责任划分存在复杂性和特殊性。

本案中，司机这种租车代驾的模式是由网约车的发展而产生。滴滴公司作为一家互联网公司，在《网约车暂行办法》颁布以前并不具备从事道路客运服务的资格，因为从事道路客运服务这种营利性行为需要获得行政许可。为避免与现有的法律法规冲突，滴滴公司将车辆与驾驶服务分开，向租车公司租赁车辆，再由劳务派遣公司派遣驾驶员为滴滴公司提供驾驶劳务，滴滴公司自身则在中间为双方匹配供需信息，由此形成了一个新的商业模式。可见，与传统交通事故主体相比，网约车事故多了网约车平台主体。

对于网约车发生交通事故时如何处理，目前尚没有相关的法律法规作出具体规定。《中华人民共和国道路交通安全法》（以下简称《道路交通安全法》）指出，若机动车与非机动车发生交通事故，机动车一方承担无过错责任。但网约车平台是否属于"机动车一方"从而成为交通事故的责任主体，该法并没有明确指出。假设网约车平台是"机动车一方"，网约车司机是否同样属于"机动车一方"，如何划分两者的责任也没有提及。同时，对于网约车平台需要在网约车运营的什么时间段担责也没有具体规定，这为网约车事故处理及法院审判带来极大的麻烦。为此，本文试对网约车涉及的一部分民事问题进行分析。

一、网约车平台的责任主体分析

当发生网约车交通事故时，会出现驾驶员、乘客、网约车平台、行人这四方主体，侵权方是驾驶员/网约车平台或两者都有，受害方是乘客/第三人或两者都有，呈现出两组侵权关系，即肇事车辆代表的侵权方对第三人的侵权关系，肇事车辆代表的侵权方对车内乘客的侵权关系。

当前的法律法规对乘客提供了较为完备的保护，规定网约车平台对于乘客所受的损失应当承担承运人的赔偿责任，平台可以通过为乘客投保承运人责任险，来分散风险。乘客因网约车肇事遭受的人身和财产损失，首先由承运人责任险赔偿，不足的部分，由肇事者承担侵权责任。由于对乘客权益的保护，法律已经作出了详尽的规定，因此后文只讨论肇事网约车对第三人侵权的情形。

上述案例中网约车侵权对象是客运合同以外的第三人，《网约车暂行办法》强调保障公共和运营安全，却未规定对第三人造成损害时如何赔偿，《道路交通安全法》

中也没有形成明确规范。一般交通事故中，都会由肇事车辆的交强险和第三者责任险进行赔付，然而如果私家车从事网约车运营，受害第三人可能得不到足额赔偿，根据保险法的规定可推知，驾驶车辆从事网络约车服务发生交通事故，由于改变了保险用途，增加了车辆危险程度，保险事故的概率超过了订立合同时的合理预估，保险人可以不承担赔偿责任。在《网约车暂行办法》没有明确规定的情况下，为保障受害第三人的合法权益，网约车肇事的主体认定与责任分担只能求助于侵权责任理论。

（一）认定网约车平台责任主体的理论依据

只有认定网约车平台属于机动车一方，平台才能成为事故赔偿责任主体。目前，我国实践中将运行支配与运行利益相结合来确定机动车事故的责任主体。运行支配，是指事实上对机动车进行支配管理。运行利益，是指因机动车的运行产生的利益。依据二元理论，既要考察网约车平台是否实际上支配了机动车的运行，还要考虑平台是否因为机动车的运营取得收益，由此确定网约车平台责任主体的地位。

该二元理论来源于西方的"保有人制度"。该制度指出"确定机动车保有者的标准是损害事故发生时对机动车拥有实际支配力并对其享有运行收益"。尽管不同的国家对于保有人的定义稍有差异，但其核心特征大同小异。日本提出了"运行供应者"① 的概念，英国采用"使用者"一词②。保有人制度旨在解决在机动车发生所有权和使用权分离时，对哪方适用无过错责任的问题。欧洲法律几乎都认为，其他主体只承担过错责任，只有保有人承担无过错责任。保有人制度的基础是无过错责任，而无过错责任又来源于危险责任理论，危险责任理论由危险来源、危险控制、报偿理论、损害分散四个因素组成。危险来源和危险控制因素表明只有危害支配者能够预防和降低危害，毫无疑问应当由危险支配者承担危害赔偿责任，报偿理论是指应当由获得利益的人承担危险所生之责任。保有人制度把支配危险和获得利益作为核心要素来确定承担无过错责任的主体，既确保了不滥用无过错责任，也可以对法益进行保护。

（二）网约车交通肇事侵权责任主体认定

利用保有人制度可以确定网约车平台对网约车是否具有支配性。"运行支配"可以做扩大理解，其既包括驾驶员现实地控制机动车，也包括通过他人来实现对机动车

①《日本机动车损害赔偿保障法》第3条规定：为自己而将汽车供运行之用者，因其运行而侵害他人生命或身体时，对所生损害负赔偿责任。

②李薇：《日本机动车事故损害赔偿法律制度研究》，法律出版社1997年版，第24页。

的控制，通过以下分析可知，网约车平台对网约车有相当大的支配力。

首先，网约车平台对车辆的行使路线有相当大的决定权。乘车时，乘客会在软件上发出用车需求，平台则会将乘客的地理位置等相关信息发送给附近的网约车司机，司机接单后将会依据平台规划的导航路线接乘客，然后根据平台规划的路线将其送到目的地，通常来说，除非乘客或司机很熟悉目的地，知道其他更近更快捷或更方便的路线，否则一般都会依照平台规划的路线导航行驶。不仅如此，网约车平台还可以决定司机的绩效薪酬。例如，网约车平台推出一项激励机制，对一天内接单数额达到一定数目的司机给予额外奖励，鼓励司机多多接单，这导致司机驾驶时间延长，疲劳驾驶会更容易出现交通事故。与此同时，要加入网约车平台，网约车司机必须经过平台审核，平台可以筛选掉有不良驾驶记录的驾驶员。在网约车司机加入以后，网约车平台对网约车司机有培训教育的义务。综上，网约车平台既直接影响司机的行驶路线，还可以决定其薪资待遇，并通过培训等方式影响司机驾驶习惯，因此平台事实上直接支配管理了网约车。

不仅如此，平台还能享有因网约车运营产生的利益。从小的方面来说，平台会扣除一部分乘客支付的费用，余下的才支付给司机；从大的方面来看，网约车平台是这一商业模式的最大获益者，通过将社会的闲置资源利用起来，不仅方便了人们的出行，还成就了以滴滴出行为代表的市值千亿元的互联网巨头。

综合运行支配和运行利益两方面，网约车平台理应成为交通事故损害赔偿的责任主体。

二、网约车平台与网约车司机的责任划分

网约车司机因为直接控制并驾驶车辆，承担事故责任无须论证，讨论到此处，已经确定了平台和司机都是网约车交通事故损害赔偿的责任主体。但还需要通过对运行支配和运行利益进行具体分析，厘清司机和平台的法律关系，才能准确划分两者的责任比例。目前，网约车运营存在三种模式，即自有车辆直接雇佣模式、租赁代驾模式、社会车辆加盟模式。① 第一种模式是由平台花钱购买车辆，同时招雇驾驶员，如北京的首汽就采用这种模式。第二种模式是由汽车租赁公司出租汽车，劳

①张素凤：《“专车”运营中的非典型用工问题及其规范》，载《华东政法大学学报》2016 年第 6 期。

务派遣公司派遣驾驶员提供驾驶服务，平台只作为一个信息中介，为双方提供相关信息。最后一种模式是部分私家车主、人和车一起加入网约车平台，如神州专车的“U + 平台”。

（一）自有车辆直接雇佣模式中的责任划分

这种模式中，司机是网约车平台的员工，驾驶车辆运营是司机的工作内容，依据《中华人民共和国侵权责任法》（以下简称《侵权责任法》）第 34 条第 1 款的规定：“用人单位的工作人员因执行工作任务造成他人损害的，由用人单位承担侵权责任。”从二元理论的角度分析，乘客支付的费用全部由网约车平台所有，驾驶员的收入来自与约车平台签订的劳动合同产生的工资，并不直接分享运营利益。因此，在这种模式中，除非驾驶员故意或者发生重大过失，一般都由网约车平台承担事故责任。

（二）租赁代驾模式中的责任划分

这种模式一般由平台承担责任，劳务派遣公司有过错时承担补充责任。依据《侵权责任法》第 34 条第 2 款的规定：“劳务派遣期间，被派遣的工作人员因执行工作任务造成他人损害的，由接受劳务派遣的用工单位承担侵权责任；劳务派遣单位有过错的，承担相应的补充责任。”从运行利益的角度来分析，驾驶员也不从网约车的运行中直接分取收益，他的收入是依照劳动合同和劳务派遣协议中的约定获得，因此不应由驾驶员承担责任。

（三）社会车辆加盟模式中的责任分担

社会车辆加盟模式存在特殊问题。第一，该模式没有直接可以适用的法律法规；第二，从《侵权责任法》的角度看，这种模式下，网约车平台与驾驶员之间的用工性质难以认定为劳动关系。网约车平台一般与网约车司机们签订合作协议，因而不承认与专车司机们存在雇佣关系。① 这种运营模式中，私家车司机和平台的从属性很弱，双方之间没有工资、保险、工作时间和地点的相关约定，司机甚至不知道公司办公地点，车辆由司机自备，各种维修保险费用也都是由司机自行缴纳，这种松散的联系全然不同于劳动者和雇佣者之间紧密的人身依附关系。平台是企业，司机是自然人，两者之间也不是个人之间提供劳务。《侵权责任法》的用工责任、雇佣责任无法

①蔡雄山、徐俊：《专车平台与驾驶员之间是劳动关系吗？——基于美国加州 Uber 劳动案件的深度分析》，载微信公众号“腾讯研究院”，2015 年 10 月 16 日。

适用。

从运营支配和运营利益的学理角度进行分析，司机作为驾驶员对于车辆具有事实上的支配地位，也能获得每笔订单的收入，分享了运行利益。前文已述，网约车平台也有支配地位，也分享运行利益。此种网约车模式中，车辆的所有人与使用人不存在分离的情形，而司机和网约车平台紧密地结合在一起，出现了两个主体都有运行支配地位，分享运行利益的情形。这是经济生活发展给运行支配和运行利益理论提出的新挑战。

那么在“社会车辆加盟”模式中，司机和平台谁来承担事故责任呢？单从运行支配和运行利益这两个因素很难断言平台与司机谁更适合承担无过错责任，因为两者都享有运行支配和运行利益。作为无过错责任来源的危险理论，总共有四个要素，可以对这四个要素进行全面分析来判断谁来承担无过错责任。由于是网约车平台策划产生了这种商业模式，可以说是平台导致了车辆运营这一危险来源产生。从危险控制的角度分析，司机虽然对网约车进行直接支配管理，但平台会对司机的驾驶行为产生影响，并决定网约车行驶路线。从运行利益的角度来说，网约车司机只获得了接单后的收益，但平台却收获大量的客户群，在相关市场占据巨大份额，是更大的受益者，依据“报偿理论”，平台应当比网约车司机承担更多比例的责任和风险。从风险分散来看，平台决定着乘客订单的价格和司机的收益，乘客、驾驶员无法与平台进行讨价还价，要么接受要么不接受，平台通过动态调整网约车服务的价格来分散风险。而且，平台通过购买保险也可以转嫁风险，相较于乘客和驾驶员拥有更优秀的价格协商能力。综合来看，平台独占危险来源、分散风险两个因素，在运行利益因素中占据主要地位，在危险控制因素中的影响也不可小觑，相较而言，由平台承担无过错责任更为合理。

综上，从运行利益与运行支配的角度来说，司机和平台都属于《道路交通安全法》规定的“机动车一方”，事故受害人可以任意选择请求赔偿。也即是说，对外，司机和平台承担连带责任，对内，社会车辆加盟模式中的司机承担过错责任，平台承担无过错责任；在租赁代驾模式中平台承担用工责任；自有车辆直接雇佣模式中，平台承担雇主替代责任。①

①夏利民、王运鹏：《论网约车平台的侵权责任》，载《河南财经政法大学学报》2017年第6期。

三、网约车责任分担期间

由上述分析可知，网约车平台在交通事故中承担无过错责任，司机在不同商业运行模式中承担不同的责任。然而，这些结论仍然不能解决前文所引案例的全部问题。在案例中，事故发生时，司机处于已经结束上一个订单但还没有接下一个订单的期间，那么平台是否需要对这个特殊期间发生的事故承担责任呢，如果需要的话，平台承担责任的期间具体起止何处？

我们可以将网约车司机的驾驶活动分为三个阶段：第一，司机在道路上已经开始驾驶车辆，但尚未打开约车软件；第二，司机打开了约车软件，随时可以接受乘客订单但是实际上还没有接受订单；第三，司机接单后一直持续到乘客到达目的地结束订单的期间。第二个阶段中司机的驾驶活动与其他驾驶活动有显著差异，在“社会车辆加盟”模式中，从司机打开约车软件开始，就以运营为目的，不同于第一阶段中的车辆自用的驾驶目的。在“自有车辆直接雇佣”模式和“租赁代驾”模式中，驾驶员专门从事网约车运营，从打开网约车软件开始就可以随时接单，为平台赚钱，此时为工作时间；关闭软件意味着停止接受平台分配工作任务，此时处于非工作时间。滴滴公司《滴滴出行专车、快车、人民优步、优步优选安全保障执行细则》第 2 条第 1 款规定，“自营车：驾驶员肢体接触服务车辆时发生地所有事故，含‘服务中’和‘非服务中’事故”。该细则第 2 条第 2 款规定：“其他合作模式：适用所有‘服务中’发生的事故”。第 2 条第 1 款对于“服务中”进行了定义，即“实时订单：驾驶员接单成功那一刻开始，至服务结束乘客离开运输工具止。预约订单：订单预计开始时间前半小时起始，自服务结束乘客离开运输工具止”。可见，滴滴出行对自营车辆（也即自有车辆直接雇佣模式）的一切事故负责，其他模式中，只有对接单后处于服务过程中发生的事故才负责。那么，在三种模式中，责任期间到底如何，笔者探讨如下。

（一）“自有车辆直接雇佣”模式下的责任期间

笔者认为，在这种模式中，平台从驾驶员接触运营车辆开始承担责任具有合理性。“自有车辆直接雇佣”模式不同于“社会车辆加盟”模式，这种模式中司机驾驶车辆是为了完成工作内容，车辆是驾驶员的工作场所和提供服务的工具。平台与驾驶员是雇佣关系，理应由雇主为雇员承担进入工作场所后的风险。

（二）“租赁代驾”模式下的责任期间

笔者认为，在这种模式中，平台有必要为驾驶员提供第二阶段的保险，因为这种模式中司机的驾驶目的也是从事网约车运营，类似于“自有车辆直接雇佣”模式。平台与司机之间是用工关系。当平台作为雇佣单位时理应为雇员提供保险；而当平台作为用工单位时，驾驶员同样在运营车辆中从事驾驶活动，面临同样的风险，平台拒绝为其提供保险则不合情理。租赁车辆本身的保险不同于网约车运营保险，仅依靠车辆自身的保险会导致第二阶段驾驶员风险负担能力大大降低。平台依据车辆所有权的不同来决定是否为处于第二阶段的驾驶员提供保险，是不合理的，因为不管车辆所有权属于谁，车辆管理都要遵守国家统一标准和规范，因为上述不同并不会导致车辆运行风险的差异，司机在驾驶过程中是否尽了谨慎义务以及当时客观的交通情况才是影响交通事故发生概率的因素，因此平台根据车辆权属不同进行差别对待的做法不具有合理性。笔者认为，在这种模式中，驾驶员的职业性、运营目的与“自有车辆直接雇佣”模式相似，因此网约车平台的责任保障期间应从第二个阶段开始至第三个阶段止。

（三）“社会车辆加盟”模式下的责任期间

笔者以为，在这种模式下，出于对公共利益的考虑，平台也应当为驾驶员提供第二阶段的保险。这种模式中的运营车辆一般都是驾驶员的自有车辆，这些私家车的车险一般都是非营运险，主要保障车辆自用行为而不是营利行为。如果司机在运营第二阶段发生事故，保险公司可能会拒赔。因为司机利用约车软件接单，将车辆从事运营活动，显著增加了保险标的的危险程度，如果被保险人不及时通知保险公司增加保险费的话，保险公司可以根据保险法的相关规定拒绝赔偿。一般来说，肇事司机都无力支付巨额赔偿金，受害方得不到相应补偿，驾驶员也会因此倾家荡产，两个家庭因此深陷泥沼，社会因此付出的成本比网约车平台承担第二阶段责任保险的成本要大很多。让网约车平台从第二阶段开始承担责任也符合当前国外的立法趋势。例如，美国加利福尼亚州要求网约车平台从司机登录约车软件开始即提供责任保险，而不管是否有乘客。商业保险费用昂贵，让约车司机来承担将会提高司机的成本，使得其通过网约车运营获利变得困难，美国学者认为让网约车平台来承担这个责任，既可以维护公民的相关利益，同时也不会阻碍这一新的商业模式的发展。

由此可见，让网约车平台从第二阶段开始承担责任符合网约车驾驶活动的本质，不仅纠正了滴滴公司依据车辆所有权区别对待的不合理性，同时也顺应了国际立法的趋势。

四、结语

伴随着经济和科技的快速发展，网约车这一新兴事物的出现是共享经济和大数据时代产生的必然结果。网约车为人们的出行的确带来了极大的便捷，充分调动了市场主体参与市场经济的积极性，解决了临时分散雇佣和就业的问题，使得社会闲置资源得以充分利用，推动了整个社会向前发展。

然而，任何事物都有两面性，共享经济的代表网约车行业在给社会生活带来积极正面影响的同时，我们也需要关注到其不足的一面，如上文分析所述，在网约车驾驶员发生交通事故损害了客运合同以外第三人的利益时，由谁承担责任，责任比例和责任期间如何确定，目前的法律法规尚没有明确规定。

因此，我们首先应当继续完善立法，填补法律空白，将共享经济这一新生事物纳入法制轨道，当出现相关事故时能够有法可依；其次要加快完善现代市场经济体系，扩大社会诚信体系建设。我们应该以开放包容的态度接纳新事物，通过规制其弊端，完善监管和立法，维护市场和公共秩序，保障人们的合法权益，使共享经济发挥其积极作用，推动社会生活进步。

被遗忘权本土化的法律问题研究

赵　华*

摘　要： 当前，个人信息保护的问题越来越受到重视，被遗忘权与个人信息的保护息息相关，是个人信息自决权利的体现。被遗忘权的研究与新技术的发展密不可分，随着大数据时代的到来，每个人都或多或少地在网上留下各种“痕迹”。而这些“痕迹”，“被记住”是常态，“被遗忘”却是例外。被遗忘权的立法概念和实践来源于欧盟立法，我国已有立法规定了关于个人信息删除的问题，但对于被遗忘权立法的价值判断问题仍存在争议，实质上就是知情权、言论自由权与个人信息权观点的博弈，被遗忘权如何进行本土化值得进一步的研究。

关键词： 被遗忘权；个人信息权；网络侵权；隐私权

被遗忘权，属人格权的范畴，即指信息主体有权要求控制者永久删除有关信息主体的个人信息，除非信息的保留有合法的理由。现今个人信息在网络上可以随意地被检索到，其中负面的信息可能会影响到他人对于信息主体的评价，甚至造成网络暴力，影响当事人的正常生活。本文在梳理域外立法、司法实践的基础上，结合国内案例，针对被遗忘权的本土化问题，提出相关的立法建议。

一、关于被遗忘权第一案的思考

原告任某于2014年在无锡××生物科技有限公司工作3个月左右，从2015年2月初开始，原告在被告的网站上发现了有关“无锡××教育任某”“国际超能教育任某”等侵权字样的内容与链接。××教育公司在外界存在负面评价，由于这段经历

---

*作者简介：赵华，北京交通大学法学院硕士研究生。

原告被公司提前解除劳动合同，在后续应聘中频频受阻。由此，原告起诉被告要求承担侵犯“被遗忘权”的侵权责任，删除涉及相关搜索链接，赔偿原告经济损失并赔礼道歉。

这是在我国发生的“被遗忘权第一案”，该案的判决开启了司法实务界和理论界对于被遗忘权本土化的深入探讨。首先，北京市海淀区法院对于该项诉求的意见是：虽未明文规定被遗忘权为某项权利，但可根据其是否具有可保护性及正当性和必要性来判断是否需要对所涉及的利益进行保护。最终，一审法院对原告的诉求给予了否定性评价，即认为其“不具有正当性和受法律保护的必要性，不能成为侵权保护的正当法益”。其次，对于百度公司是否侵权的问题，法院认为百度提供的搜索服务方式不存在侵权的问题，本案中出现的搜索结果并非人为干预，而是在算法技术指导之下自动生成的，出现的相关词汇属于升级性的服务。原告上诉后，二审法院维持了原判。

从本案涉及信息本身来讲，这些信息的准确性存疑。任某曾在××生物科技有限公司从事过3个月左右教育培训方面的工作，但并非是相关搜索结果中的××教育工作，且工作时间较短。“无锡××教育任某”这样的表述可能不能准确地表现真实情况，这些信息本身存在不恰当性。

而法院的意见则是任某曾在该公司从事教育工作，并和相关企业存在业务合作与相关的宣传，搜索结果中出现“无锡××教育任某”是有合理性的。笔者认为这种观点值得商榷，如果原告所提出的相关信息已经存在一定的失实性，在技术层面的抗辩不能阻却这些信息本身存在的不准确性。

从另一层面讲，百度公司并没有义务去查实这些信息的真实性，也不能轻易地发现其信息的不准确性。根据“红旗原则”，如原告主张的这些信息没有“公然飘扬”在被告面前，则不能算是侵权。但在本案中，原告曾经提出删除信息的请求，根据《中华人民共和国侵权责任法》（以下简称《侵权责任法》）第36条，被告应当承担在收到原告请求删除、断开链接的请求而为履行时开始承担责任。

本案主要从侵权的角度来认定相关案件事实，虽然被遗忘权在我国相关法律中没有明文规定，但可以当作人格权项下的相关利益进行保护。但我国法院最终给予的法定性评价可能会降低提起被遗忘权诉求被支持的可能性。与此相比，日本埼玉地方裁判所审理与本案类似的“谷歌犯罪前科报道事件”时，在案件判决中第一次认可了被遗忘权，且最高裁判所在回应下级法院时，明确了删除搜索结果的判断依据，对日本的司法实践有着深刻的影响。

我国与日本对于首次提起的被遗忘权相关案件采取了不同的处理方式，这也彰显了不同国家对于该项权能的认可程度和对于利益权衡的取舍情况。该案带来的思考是多重性的，在现行中国法律体系之下，是否应将被遗忘权本土化、如何界定该项权利的权利边界、立法保护被遗忘的可行性是否存在等都值得我们研究。

二、关于被遗忘权的域外立法与司法实践

（一）欧盟

欧盟关于被遗忘权的规定可以追溯至1995年《欧洲数据保护指令》，该项指令首次提出了对个人数据信息的保护，保护方式即是“删除”，保护条件是在个人数据不在受需要之时。但20世纪90年代互联网与当今相比较不发达，该项指令保护的范围、程度都相对较小，仅限于类似于用户名等基础性的个人信息。

近年来，欧盟对于被遗忘权的立法也在逐渐加强，2012年的《一般数据保护条例（草案）》规定了个人信息权利人可在某些情形下要求数据持有控制者移除、拒绝传播个人信息的权利。① 2014年，欧盟法院在“冈萨雷斯诉谷歌案”中确立了被遗忘权的概念，这项案例的判决使得被遗忘权成为一项民事权利被确定下来。该案判决将类似谷歌这类公司的搜索引擎运营商界定为被遗忘权的义务主体，并明确了可以通过被遗忘权为理由予以删除的信息是：已在互联网上公开的有关信息主体的“不好的、不相关的、过分的信息”②。

近两年，随着互联网的不断发展，个人信息保护的重要性凸显出来。2018年生效的《一般数据保护条例》第17条明文规定了被遗忘权，且对于个人信息的保护更为深入，“收集和使用个人信息必须得到信息主体积极有效的许可”③。

纵观被遗忘权在欧盟的发展历程，可以看到欧盟对于个人信息权利保护的重视程度在日益提升。被遗忘权，本身就与个人生活的安宁感息息相关，这也是人文主义精神在民事立法方面的体现。

---

①徐家力：《“被遗忘权”探析》，载《湖南大学学报》（社会科学版）2017年第4期。
②杨立新、韩煦：《被遗忘权的中国本土化及法律适用》，载《法律适用》2015年第2期。
③徐家力：《“被遗忘权”探析》，载《湖南大学学报》（社会科学版）2017年第4期。

（二）美国

美国对于被遗忘权保护的讨论经历了较长的争议期，美国对于其认可程度总体而言较低。原因是被遗忘权与美国宪法修正案中的言论自由权是相矛盾的，该条文的规定即“国会不能制定剥夺言论自由的法律”。在此基础上，美国最高法院也认为，对于合法取得的信息，法律不可以限制其传播。

在此背景之下，美国关于被遗忘权相关立法相比欧盟而言显得较为谨慎，体现被遗忘权立法的是加利福尼亚州参议院第568号法案，也称“橡皮擦法案”。首先，其与欧盟被遗忘权保护的权利主体范围显然不同，美国此法案仅生效于加利福尼亚州，对除该州以外的其他州均不适用。除地域上的限制之外，该项法案旨在保护未成年人，而非该州的全体公民。甚至对未成年人这一权利主体也在适用上有一定的限制，即可删除的内容仅限于其自行发布在网络上的信息，对于他人发布的信息，则没有要求其删除的权利。“橡皮擦法案”所规定的义务主体是社交网站，而欧盟确立的被遗忘权的主体则是搜索引擎网站。

从美国对于被遗忘权的立法的谨慎态度来看，这一法律概念在美国没有得到过于宽泛的肯定。很显然，美国更为注重对言论自由这一价值的保护。而笔者看来，加州的法案虽与被遗忘权有很大的相关性，但就其根本而言，更多体现的是对于未成年人的保护。未成年人在社交网络上发布相关信息时，可能其对于自己发布信息的影响没有一个清晰的认识，而这项法案基于对未成年人心智方面的不成熟性考虑，给予了其对于自己言论的“反悔权”。

“橡皮擦法案”可以说是被遗忘权在美国的本土化体现，其对于被遗忘权的立法规定深深地体现着美国的宪法精神。这样的规定既有利于未成年人身心的健康发展，也是个人信息立法保护进步的体现。

（三）日本

与中国类似，日本现行法律并没有明文规定“被遗忘权”，但在其《个人信息保护法》和《信息提供商责任限制法》中有所体现。[①] 法院在处理该类问题时，也会参照上述立法。

关于被遗忘权，值得一提的是日本的“谷歌犯罪前科报道事件”。原告在2011

①付彦淇：《被遗忘权的界限——谷歌犯罪前科报道事件》，载《日本法研究》2017年第3卷。

年由于违反性侵犯儿童相关法律被逮捕，且被处以罚款。此事曾被新闻媒体报道，后也在网络上传播甚广。只要在谷歌搜索引擎中输入原告的姓名和地址，即可出现与其之前违法事件相关的信息。由此，原告认为，报道的内容很容易就被他人搜索到，妨碍其回归社会，基于人格权的排除妨碍请求权和妨害预防请求权，要求谷歌公司消除相关的搜索结果。

该案的一审法院（埼玉地方裁判所）认为，原告犯罪的相关信息可以轻易地在网络上获取，确实增加了其重新回归社会的难度，侵犯了其相关利益。综合其犯罪情况来看，其属于“经过一定期间的过去的犯罪”，虽然公众获取其相关信息的知情权具有公益性，但通过搜索引擎获取的相关信息没有任何限制，已经超过了原告可以容忍的程度。因此，一审法院支持原告的主张，作出删除案件相关搜索结果的决定。

而在后续的审理中，东京高等裁判所和最高裁判所都对这一处分决定表示异议，取消了原决定。其理由是基于两点：首先，因其犯罪与未成年人相关，虽然已经经过了一段时间，但其仍然与社会公益有着很大的关系；其次，如果删除相关的搜索结果，会侵犯公众的言论自由与知情权。① 综合来看，一审法院在判决中初次肯定了被遗忘权，最高裁判所虽未给予被遗忘权以明确的肯定，但其对于“可以请求消除的权利”作了较为深入的探讨，即权衡相关信息不公布的法益与通过搜索引擎获取相关信息的法益，从而判断该信息是否应当删除。

三、保护被遗忘权的价值博弈

在探讨保护被遗忘权时，关键就是进行价值权衡。当法律赋予信息主体删除相关个人信息的权利之时，可能会阻碍他人表达这些信息的自由，即言论自由的权利；与此同时，会影响他人获取这些信息的权利，即知情权。②

（一）言论自由与被遗忘权的博弈

言论自由在我国规定于宪法之中，是一项宪法性权利。无论在网络上还是在现实生活中，我们都有表达个人观点的自由，而在表达这些观点时，很可能会触及他人想要删除的个人信息。如前文所述，美国立法对于言论自由是极为重视的，“橡皮擦法案”只是规定了未成年人拥有该项权利，且仅限于删除自己发布的信息。因害怕过

①付彦淇：《被遗忘权的界限——谷歌犯罪前科报道事件》，载《日本法研究》2017年第3卷。
②何雪莲：《隐私的辩证：被遗忘还是被观望?》，载《南京社会科学》2017年第7期。

度保护，美国立法在权衡之时，虽考虑到了保护被遗忘权的必要性，但也重视保护言论自由。

如上文提到的日本案例，被遗忘的权利在许多种情况之下可以运用于保护罪犯重新回归社会的利益。但多数情况之下，网络上日常的信息表露，很可能也会涉及个人信息，但这些信息没有敏感到需要以法律手段加以控制的程度。如果把所有的相关信息都纳入被遗忘权的保护范围之内，会造成多度删除的局面；而如果将相关信息进行筛选、分类，这项工作是否应当由搜索引擎负担？筛选分类的标准又应当如何制定？这些问题都是需要考量的。

在保护公民言论自由与保护个人尊严，赋予个人被遗忘权之间寻求平衡，这是立法时需要重点进行利益权衡的。

（二）知情权与被遗忘权的博弈

现代社会，信息的价值不仅体现在信息主体对该信息的持有和利用上，也体现在社会公众对该信息的利用上。在维护信息主体被遗忘权之时，信息接收方的读取、查阅相关信息的权利和自由也需要保障。如果任意删除搜索结果，可能会侵犯到其他网络用户的知情权。

对于这一问题，欧美国家也存在相似的忧虑。2015 年，《纽约时报》发布了《BBC 链接中的故事：隐匿在“被遗忘权”之下的虐待狂与强奸犯》。该文即认为，对于类似于虐待、强奸这样的施暴者而言，如果删除相关信息，不利于公众利益的保护，公众对于这样的犯罪，有知情的权利。① 且在利益权衡之下，这种知情权所涵摄的公众利益要高于对于犯罪分子人权的保护。

在前文提到的日本“谷歌犯罪前科报道事件”中，法院也提到了这个问题，涉及对儿童的性虐待问题，需要社会公众的谴责，是与公共利益相关的事件。日本历年最高裁判所的判例中，对于媒体的报道为公民参与政治事务、公共事件提供信息给予了肯定；而在该案中，控诉审裁判所认为：“删除侵害私人信息的搜索结果无益于保障公民的知情权”，这是从正反两个方向来论证删除个人信息与知情权保障的关系。

对于个人信息过度的保护可能会导致公众知情权受损，进而严重影响公共安全。德国法律规定了个人信息自决权，这种严格的规定使在必要时获取个人信息也十分困

①殷乐、于晓敏：《被遗忘权：网络空间的隐私保护与治理——基于全球部分国家的立法与实践分析》，载《新闻与写作》2017 年第 1 期。

难。2015年发生的“3·24”德国之翼航空公司坠机事件就是一个典型。肇事飞行员患有精神疾病，但公司没有调查的权利，医生又有保密义务，从而导致悲剧发生。

被遗忘的权利很可能被滥用，而防止被滥用的方式就是尽可能地使信息公开化，而非一味地“被忘记”，这二者之间本身就存在一定的矛盾关系，立法需要在二者之间寻求平衡。

四、立法保护被遗忘权的建议

（一）被遗忘权的性质界定

探究被遗忘权如何本土化，界定其性质极为关键。首先要判断其属于一项权利内容，还是一项独立的具体人格权。具体人格权是为了保护某项具体的人格利益而独立设立的，例如生命权，以自然人的生命维持和安全利益为保护目的。对于被遗忘权，其本质就是权利主体所拥有的将自身个人信息得以删除的功能。其与一项独立的人格权之间是存在差异的，目前多数观点认为，被遗忘权是一种权能，非权利。① 一项单独的权利往往包含着许多权能，权能是权利的实现手段，也可以说是权利的内容本身。

在将被遗忘权界定为一项权利内容的基础上，就要明确其到底是属于在哪项具体权利之下。目前，学界对于这一问题有着不同的观点，主要体现在其是隐私权还是个人信息权的争论，以及被遗忘权与删除权的区别上。

首先，隐私权说。部分学者认为，被遗忘权属于隐私权的一部分。隐私权的概念最早是美国学者布兰迪斯和沃伦提出的，即法律维护自然人对于其私生活不予公开的权利。美国司法实践中，判断是否侵害公众人物的隐私权有一个相似的理论即为“时间经过理论”。假设一个人过去为公众人物，而后成为“普通人”，再发布关于其先前的个人私生活，即侵犯了隐私权。而这一理论即是建立在隐私权基础上的，所以与之类似，被遗忘权也归入隐私权的范围之内。

从大陆法系看，诸多日本学者都认为被遗忘权属于隐私权的一部分，上机美穗认为，被遗忘权在现阶段很难被确立为一个独立的类型，判断相关侵权案件时从侵害隐私权的角度判断是合理的。② 从权利内涵来看，被遗忘权与隐私权有相似之处，部分

①雷闪闪、郭小安：《关于被遗忘权法律性质的再思考》，载《西南民族大学学报》（人文社科版）2018年第3期。

②付彦淇：《被遗忘权的界限——谷歌犯罪前科报道事件》，载《日本法研究》2017年第3卷。

内容可能存在一定的重合。被遗忘权即信息主体对于在网络上与自身相关的信息予以删除的权利，而隐私权即权利人拥有的不公开自身私人生活、信息的权利。

但笔者认为，这两种概念还是有区别的。首先，在权利客体方面：被遗忘权所保护的客体是个人信息，这种信息囊括了一切信息内容；而隐私权所保护的信息具有一定的私密性，不是一切的信息都可以被隐私权所包含。其次，在权利内容方面：被遗忘权强调信息主体对于网络上公开信息的删除权，是一种自主决定的权利，具有一定的积极主动性；而隐私权，重在防止他人对自身私生活、信息的侵扰，更类似于一种被动防御型权利。因此，笔者认为，被遗忘权并不属于隐私权的范畴。

其次，个人信息权说。个人信息权即权利主体对于个人信息拥有的支配权，排除他人对于个人信息的非法利用。这一权利属性具有积极主动性，即自然人拥有信息自决的权利。其针对的个人信息涉及的范围极广，有私密性的，也有非私密性的。个人信息并非实体的有体物，其强调的是法律层面上的权利人对其信息所拥有的控制力，这种控制力包含了删除相关信息的权利。这种控制力的内涵是传统隐私权内涵中没有囊括的。笔者赞成将被遗忘权归入个人信息权的范畴，作为个人信息权的一项权利内容进行保护。

个人信息权是未来人格权立法的一项重要内容。将被遗忘权纳入到个人信息权的范畴，是立法层面的进步。从权利外观看，被遗忘权与生命权、健康权这样注重保护物质层面的权利不同，其更为注重人内心的“安宁感”，是立法维护人格尊严最为显著的体现，彰显了人文精神。且从域外的司法实践来看，韩国、德国在处理类似案例之时，就是从保护个人信息的路径加以处理。①

最后，就被遗忘权与删除权来看，二者虽有重合，但还是有区别的。被遗忘权是域外概念，我国立法没有明文规定；而删除权在我国立法上目前已经有所体现。工信部颁发的《信息安全技术公共及商用服务信息系统个人信息保护指南》规定：“个人信息主体有正当理由要求删除其个人信息时，及时删除个人信息。”这与被遗忘权的表述是类似的，但这部文件并没有立法的强制力，其规定也不属于民事权利的范畴。

《侵权责任法》第36条规定了在网络侵权情况下，“被侵权人有权通知网络服务提供者采取删除、屏蔽、断开链接等必要措施”来进行救济。本条立法即肯定了被

①杨立新、韩煦：《被遗忘权的中国本土化及法律适用》，载《法律适用》2015年第2期。

侵权人有权删除与侵权行为相关的信息的权利。但侵权责任法规定的删除义务，建立在侵权基础上，必须符合侵权行为的相关要件，而被遗忘权针对的是不恰当的信息，即使未侵权，权利主体也可以要求其进行删除。除此之外，被遗忘权更强调在经过一段时间之后，对于人格尊严的保障程度要高于知情权与言论自由；而删除权并不要求时间的要素。

（二）被遗忘权的法律适用

首先，就适用范围而言：被遗忘权仅适用于发布于网络平台的信息，发布于网络平台以外的个人信息，如纸质图书、报刊上的个人信息，不能通过此得到保护，要诉诸其他途径。且被遗忘权涉及的信息是不恰当的，会引发他人产生负面评价的信息。不恰当性是指其与真实情况存在实质性的偏差；而且必须是负面的消极的信息，正面积极的评价不属于这一范畴。

除了从正面对其适用范围进行解释之外，还要从反面进行限缩。并非一切个人负面信息都可以依本人的意愿进行删除。如上文所述，在处理实际案件时，要衡量其对言论自由、知情权及社会公共利益的影响。例如，关于犯罪记录能否被删除的问题，我国最高人民法院《关于审理利用信息网络侵害人身权益民事纠纷案件适用法律若干问题的规定》第12条的规定是，除国家机关外，网络用户或者服务提供者公开个人信息的，被侵权人要求承担责任的，可以得到支持。这一规则也可以应用在被遗忘权的适用问题上。

其次，就其权利主体而言，被遗忘权适用于自然人，不适用于法人。被遗忘权属于人格权的范畴，其是为了保护自然人的个人信息，从而维护人的尊严和内心的安宁感而存在。法人的信息可以由其他法律保护，如侵害商誉时可根据不正当竞争法起诉。

最后，关于义务主体，应属信息控制者。举例来看，搜索引擎运营商、社交网络运营商等是负有删除义务的主体。有观点认为，相关信息的制作和发布者是第三方，却让网络运营商作为删除义务人，给运营商增加了审查的负担和义务。[①] 对此，笔者认为，我国司法实务界在处理快播案时，已经基本认定了运营商存在审查和监管的义务，但涉及被遗忘权中这一义务的边界具体如何界定，还需要结合实际情况探讨。

---

①徐家力：《“被遗忘权”探析》，载《湖南大学学报》（社会科学版）2017年第4期。

五、结语

综上，关于被遗忘权的本土化问题，是当今人格权立法的重要议题，同时也与互联网治理问题息息相关。保护这一利益，就是在不断提升人的尊严感和幸福感。人类使用网络，必然会在网络上留下痕迹，而探讨这种痕迹为何抹去、如何抹去就是在探讨被遗忘权的立法问题。在探讨抹去痕迹的同时，也不免要涉及被遗忘的利益与知情权和言论自由之间的博弈。

从未来看，被遗忘权在我国的本土化是必要的，如何平衡不同的利益群体之间的利益诉求，立法保护个人信息，仍需要在更多的实践中探索。

诚信交通

中国高铁“走出去”战略中的技术侵权风险及防范

周　琼*

摘　要：21世纪以来，我国高铁行业发展迅速，但是仍然面临着关键技术受制于人、技术的创造性程度不高、专利布局不合理等问题。此外，技术引进合同中若干条款的规定也制约着我国高铁的发展。这些问题在我国高铁“走出去”战略实施的过程中会引发更多的风险。因此，需要我国的高铁企业等相关主体根据高铁技术本身的特点，结合技术引进合同的相关规定，采取不同的措施来最大限度地规避风险。

关键词：技术侵权；自主创新；专利回避

中国的高铁在21世纪发展迅速。截至2015年年底，中国高速铁路运营里程已经达到1.9万公里，居世界第一位。① 在国内高铁如火如荼建设的同时，我国也加快了高铁出口的推进步伐。2015年6月18日，中俄就莫斯科至喀山高铁项目正式签约；2015年9月13日，中美双方签署协议，建设“西部快线高速铁路”；2015年10月16日，中国与印度尼西亚达成协议，共同负责长约150公里的雅加达至万隆的高铁建设和运营……此外，中国铁路总公司在坦赞铁路、中老、中泰铁路等的出口上也取得了积极的进展。

然而，自从中国开始大规模建设高铁起，中国高铁涉嫌侵权的声音就不绝于耳，如高铁车体涉嫌剽窃日本“新干线”等。在我国高铁更进一步走出国门，参与激烈

---

* 作者简介：周琼，女，北京交通大学法学院讲师。

①《2015年铁路建设各项目标全面完成》，载中国铁路总公司网站，2015年12月30日发布，http://www.china-railway.com.cn/xwdt/jrtt/201512/t20151230_54573.html。

的世界竞争的背景之下，这种说法更是有可能成为我们前进路上的绊脚石。

自2004年以来，我国加速发展高速铁路，从国外系统引进了大量高速列车技术、高速列车控制技术、高铁牵引供电技术、高铁运营管理技术、高铁养护维修技术等关键技术，并通过对技术的“引进、消化、吸收、再创新”，掌握了大量先进的高铁技术，在若干重要领域取得了重大的技术突破，迅速跻身世界高铁先进国家行列，打破了德国、日本、法国等国家在高铁技术领域的垄断，这就触动了高铁巨头的利益，引起了他们采用包括知识产权在内的一切手段来遏制我国的竞争。尤其是在我国高铁“走出去”的背景之下，由于之前技术引进合同条款的制约以及知识产权尤其是专利权（包括国际专利）等方面的状况，我国面临的技术侵权①的风险更大。

一、技术侵权风险产生的原因之一——专利的现状

为了实现引进动车组技术的消化吸收和再创新，原铁道部根据高速列车基本组成、技术难度和我国铁路机车车辆工业化水平，把高速动车组的技术分成九大关键技术和十项配套技术，其中九大关键技术包括：动车组总成、车体、转向架、牵引变压器、主变流器、牵引电机、牵引传动控制系统、列车控制网络系统、制动系统等。②中国国家知识产权局对我国高铁技术专利情况所做的分类和分析相对更加概括，将我国高铁领域专利分为车体技术专利、转向架专利以及安全监控专利。③

在车体技术领域，自2004年起，我国专利申请量激增，同时也促成了世界申请量的快速增长。截至2015年，在全球车体技术领域，我国专利申请量占到了22%，其次是德国占20%，日本占20%，美国占11%，俄罗斯占7%，韩国占7%，法国占3%，其他国家占12%。我国车体技术领域专利申请量居世界第一位，但是实用新型专利申请比例占到了68%。由此可见，近年来，我国在车体技术领域取得了巨大的进步，但技术的创造性不够。在这些专利的目标国中，有14%为中国，14%为德国，11%为日本，9%为美国；与此同时，作为申请量最大的国家中国，其车体技术绝大多数是中国专利，在德国获得的授权仅有1项、日本有5项，美国有20项，俄罗斯

①在此使用“技术侵权”而非“知识产权侵权”，目的是将本文研究的范围限定在专利和技术秘密侵权范围内，不包括商标以及著作权侵权。

②张卫华、王伯铭：《中国高速列车的创新发展》，载《机车电传动》2010年第1期。

③下文关于车体技术、转向架技术、安全监控领域技术专利的相关数据，均来源于国家知识产权局承担的国家课题。

有4项，韩国有2项，欧洲专利局有9项；而相对应的，德国在中国获得的专利有72项，日本有116项，美国有81项，韩国有19项，法国有33项，并且德国、日本等高铁强国在全世界范围内的专利申请量亦远远超过了我国。这标志着中国已经成为世界高铁强国专利申请重点布局的市场，但是中国在其他国家专利布局尚处于刚刚起步的阶段。

在转向架技术领域，专利最多的是日本，达到了约1500项；其次是中国，超过了1400项；德国也超过了1000项。但是，中国的1400多项专利中，有1102项是实用新型专利。同时，德国的西门子公司拥有252项专利，位居世界第一；位居第二和第三的分别是日本的日立和川崎，分别拥有228项和157项专利；中国的南车株洲电力机车有限公司位居第四，拥有151项专利。这意味着我国在转向架技术领域，取得了一定的成绩，但是仍然存在创造性不足的问题。

在安全监控领域，全球申请中，日本所占比例最高，为25%；其次是美国，为18%；中国占比为16%，位居第三；德国占比为11%，俄罗斯占比为9%；其余国家占21%。在中国的申请中，72%来源于中国，8%来源于美国，7%来源于日本，3%来源于德国，1%来源于法国。由此可见，在安全监控领域，竞争的态势非常明显，并未形成寡头垄断的局面，中国有一定的竞争能力。

由上述高铁领域专利的现状可以看出，2004年以来，我国高铁技术取得了较大的发展，但与德国、日本等传统的高铁技术强国相比，存在创造性程度不高的问题，这与我国高铁技术以“引进、消化、吸收、再创新”为主的模式有关，且发展的时间相对较短，技术的积累还不够。此外，在专利的全球布局中，我国高铁存在巨大的缺陷：中国是世界高铁巨头布局的重点，且巨头们全球范围内的布局相对比较成熟，而我国高铁专利的全球布局尚处于起步阶段。这样一种现状，容易导致我国高铁在“走出去”的过程中，面临来自其他国家的侵权指控。

二、技术侵权风险产生的原因之二——技术转让合同的规定

在高铁出口的过程中，可能导致知识产权纠纷的原因，除了我国全球范围内专利的现状外，还有一个重要的原因就是在技术引进过程中合同条款的限制，这种限制，不仅包括专利，还可能涉及商业秘密等其他知识产权。下文以四方股份与川崎重工时速200公里铁路动车组项目技术转让主协议、长客股份与阿尔斯通时速200公里铁路

动车组项目技术转让主协议以及唐客与西门子时速300公里铁路动车组项目转让主协议为例，来说明相关问题。

（一）使用期限的限制

在技术转让合同中，双方会就技术转让的合同期限作出约定。如果违反合同约定的使用期限，无论是在国内还是在国外使用，都可能导致侵权。更进一步，如果中国通过对引进技术或产品的消化吸收再创新，已经可以自主研发相应的技术或产品，实现了对等替换①，并将对等替换在国内进行使用，且打算出口到国外，而此时，原转让合同已经过了有效期，则该使用是否侵权，是一个值得讨论的问题。在上述三个主协议中，对合同的有效期作了如表1的规定。

表1 三个技术转让协议对于合同有效期的规定

合同项目名称	转让方	实际受让方	条　款
时速200公里铁路动车组项目技术转让协议	川崎重工	四方股份	17.1本协议有效期与动车组采购合同的有效期相同。4.7技术转让方不得禁止技术受让方和实际技术受让方在本协议终止后继续使用转让技术及其改进
时速200公里铁路动车组项目技术转让协议	阿尔斯通	长客股份	17.1本协议有效期与动车组采购合同的有效期相同。4.7技术转让方不得禁止技术受让方和实际技术受让方在本协议终止后按照第4.2条继续使用转让技术及其改进，该继续使用是免费的
时速300公里铁路动车组项目技术转让协议	西门子	唐客	17.1本协议有效期与动车组采购合同的有效期相同。4.7技术转让方不得禁止技术受让方和实际技术受让方在本协议终止后按照第4.2条继续使用转让技术及其改进，该继续使用是免费的

由上述合同条款可知，三个协议都规定"本协议有效期与动车组采购合同的有效期相同"，也即说，对于技术的使用限于动车合同采购期间，这种规定似乎是对中方不利。但是，阿尔斯通与长客股份以及西门子与唐客协议中又规定"技术转让方不得禁止技术受让方和实际技术受让方在本协议终止后按照第4.2条继续使用转让技术及其改进，该继续使用是免费的"，此规定看似是说在协议终止后，中方可以继续

①关于对等替换，目前尚无一个权威的概念。大致而言，以从国外引进的技术或产品为基础，通过消化吸收和再创新（可以是优化、组合、改进、完善以及开发相关配套技术或产品）研制出新的技术或产品，且新技术或产品能够基本实现对引进产品功能和性能的替代，则可以理解为实现了对引进技术的对等替换。

使用该技术及改进，但必须是“按照第 4.2 条”①，而第 4.2 条是限制中方对转让技术向第三方进行再转让。但是对转让技术及其改进的再转让是我国将高铁出口的必备条件，例如，将相关动车组或零部件等产品销售给第三方的同时必然是要转让相关技术，这就可能导致即使是在转让协议终止之后，即使不是原转让技术而是改进技术，中方也有可能面临着知识产权侵权的纠纷。

（二）使用范围的限制

在技术转让合同中，转让方为了自身利益，会对技术或产品本身的使用范围作出若干限制。我国高铁技术引进过程中，一方面，技术转让方不会把最核心、技术含量最高的技术转让给我们，例如，目前高速动车组系统设计、核心控制软件以及一些核心零部件研发仍然是制约我国动车组发展的薄弱环节，大量关键技术仍然掌握在外方手里；另一方面，即使是已经转让的技术，外方也会设置若干使用限制。这些使用限制，不仅影响技术在中国的使用，而且也可能成为高铁出口的绊脚石（见表 2）。

表 2　三个技术转让协议关于技术使用范围的限制规定

合同项目名称	转让方	实际受让方	条　款
时速 200 公里铁路动车组项目技术转让协议	川崎重工	四方股份	4.2 技术转让方同意向技术受让方和实际技术受让方授予、技术受让方和实际技术受让方同意从技术转让方取得在中国境内使用转让技术设计、制造以及使用、销售、进口动车组和零部件的非独占的、不可转让的许可。技术受让方和实际技术受让方对转让技术在没有得到技术转让方的书面认可下，不得违反本协议规定向任何第三方（包括本协议的当事人）进行分许可，并不得违反本协议规定使第三方非为执行本协议目的使用
时速 200 公里铁路动车组项目技术转让协议	阿尔斯通	长客股份	4.2 技术转让方同意向技术受让方和实际技术受让方授予、技术受让方和实际技术受让方同意从技术转让方取得在中国境内使用转让技术设计、制造以及使用、销售、进口动车组和零部件的排他的、不可转让的许可。动车组和零部件的名称、型号、规格、技术数据和验收标准等详见本协议附件及国内制造合同和进口合同的相关规定

①第 4.2 条之规定参见下文。

续表

合同项目名称	转让方	实际受让方	条　款
时速300公里铁路动车组项目技术转让协议	西门子	唐客	4.2技术转让方特此授予技术受让方，且技术受让方同意从技术转让方取得，非独占的、不可转让的权利和许可以仅向实际技术受让方授予非独占的和不可转让的权利和许可仅由实际技术受让方用于在中国境内使用转让技术设计、制造、测试、使用、销售或进口动车组和零部件。动车组和零部件的名称、型号、规格、技术数据和验收标准的详细描述规定在本协议附件及国内制造合同和进口合同中。为避免歧义，除前文提及的向实际技术受让方转许可转让技术之外，技术受让方和技术受让方代理人均未被授权使用任何转让技术

由上述协议内容可知，三份主协议均对技术使用的范围进行了限制，包括：①使用区域的限制：三份协议均规定，技术使用仅限于中国境内。也就是说，如果我国在出口的高铁中包括引进的技术，则就超出了使用范围，涉嫌侵权。②使用人的限制：我国高铁技术进口合同，受让方一般为原铁道部，实际受让方为南车四方股份、长客股份、唐客等，而在这些合同中，均规定“向实际受让方授予非独占的和不可转让的权利和许可仅由实际技术受让方用于在中国境内使用……”，这意味着，只有技术的实际受让方才可以使用该技术，而四方股份、长客股份、唐客等均属于不同的实际受让方，所引进的技术之间是不可以共享的，彼此之间并不能授权他方使用技术转让合同中所涉及的专利技术。2015年，中国南车与中国北车的合并，或许有助于这一问题的解决。此外，三个合同都规定，依据合同所取得的技术是“非独占的、不可转让的”，而我国在将高铁产品出口时，必须要转让相关技术，这就可能涉及侵权的问题。此外，因为“非独占性”，技术转让方还可以将转让技术授权给其他主体实施，这就实现了其利益的最大化。③使用目的的限制：例如，在阿尔斯通与长客股份的转让合同中，规定合同目的为“实际技术受让方经过对引进技术的消化、吸收，自主创新，逐步提高国产化率，拉动国内相关产业的发展，实现时速200公里动车组的国产化，打造中国自有的动车组品牌”，这就意味着对于合同转让技术的使用，是提高国产化率以及拉动国内相关产业的发展，那么高铁出口是否符合合同目的，值得商榷。

（三）改进条款的限制

在技术转让合同中，有时候转让方出于自身利益考虑，会禁止受让方对技术进行改进。依据反不正当竞争法及专利法的相关规定，这种禁止改进条款属于滥用专利权的不正当竞争行为。在下面三个高铁技术进口的合同中，均对技术改进及其归属问题进行了规定（见表3）。

表3　三个技术转让协议关于改进条款的限制规定

合同项目名称	转让方	实际受让方	条款
时速200公里铁路动车组项目技术转让协议	川崎重工	四方股份	4.6技术转让方应同意实际技术受让方对转让技术进行改进，该改进完全归实际技术受让方所有，并由实际技术受让方负责。 1.11“改进”指本协议技术转让方或技术转让方第三人、技术受让方、实际技术受让方或实际技术受让方第三人在合同有效期内对转让技术的修改和/或开发，包括新的设计、公式、方法、成分、指标、参数、计算或任何其他形式
时速200公里铁路动车组项目技术转让协议	阿尔斯通	长客股份	4.6技术转让方应同意实际技术受让方对转让技术进行改进，该改进完全归实际技术受让方所有。技术转让方不对实际技术受让方对技术所作的改进负责。 1.11“改进”指本协议技术转让方、技术受让方或实际技术受让方在合同有效期内对专利、专有技术的修改和/或开发，包括新的设计、公式、方法、成分、指标、参数、计算或任何其他形式
时速300公里铁路动车组项目技术转让协议	西门子	唐客	4.6技术转让方应同意实际技术受让方对转让技术进行改进，该改进完全归实际技术受让方所有。技术转让方不对实际技术受让方对技术所作的改进负责。 1.11“改进”指本协议项下在合同有效期内对专利、专有技术的改进和/或开发，包括新的设计、公式、方法、成分、指标、参数、计算或任何其他形式

由上述合同可知，技术转让方均不限制实际受让方对转让技术进行改进，并且改进的成果归属于受让方。这个条款中的关键问题在于，什么是“改进”。这三份主合同均对“改进”做出了界定。改进后的技术与原有技术相比，具有多大程度上的不同，才属于合同中界定的“改进技术”？我国高铁技术发展走的是一条“引进、消化、吸收、再创新”的路径，因此，“改进技术”的界定对于我国高铁技术的发展和“走出去”意义重大。在专利法中有“改进发明”的概念，是指对已有的产品和方法发明提出实质性改革的技术方案，这一类发明可以受到专利法的保护。然而，正如前文中所提到的，我国高铁领域的专利中，实用新型专利占到了很大的比例，甚至这些

“改进技术”根本达不到授予专利的条件。对于在原专利技术基础上进行改进，获得出口国专利的技术，不存在侵权的问题；但对于一般的“改进技术”如何区别于原引进技术？在这些不构成专利的技术的基础上的改进，是否构成对商业秘密的侵犯？

（四）保密条款的限制

在技术转让合同中，都会对双方的保密义务作出规定。在我国高铁出口的过程中，由于出口国不是合同的相对方，因此，我方不得向其披露商业秘密。下面三个主合同中，对保密义务作了如下规定（见表4）。

表4　三个技术转让协议关于保密条款的限制规定

合同项目名称	转让方	实际受让方	条款
时速200公里铁路动车组项目技术转让协议	川崎重工	四方股份	11.1 在本协议终止或期满之后的5年内，任何一方有义务采取适当措施就专有技术和有关技术资料对除参加本协议履行的人员以外的任何第三方严格保密。但是，参加本协议履行的人员也应承担同样的保密义务。 11.2 任何一方应对其和/或其技术人员在本协议履行过程中所获得或了解的商业秘密，承担保密义务。未经对方事先的书面许可，任何一方不得利用或披露这些信息
时速200公里铁路动车组项目技术转让协议	阿尔斯通	长客股份	11.1 在本协议有效期内及本协议终止后5年内，任何一方有义务采取适当措施就专有技术和有关技术资料对除参加本协议履行的人员以外的任何第三方严格保密。但是，参加本协议履行的人员也应承担同样的保密义务。 11.2 任何一方应对其和/或其技术人员在本协议履行过程中所获得或了解的商业秘密，承担保密义务。未经对方事先的书面许可，任何一方不得利用或向第三方披露这些信息
时速300公里铁路动车组项目技术转让协议	西门子	唐客	11.1 在本协议有效期内，且在本协议终止后的5年内，任何一方有义务采取适当措施就专有技术和有关技术资料对除参加本协议履行的人员以外的任何第三方严格保密。但是，参加本协议履行的人员也应承担同样的保密义务。 11.2 任何一方应对其和/或其技术人员在本协议履行过程中所获得或了解的商业秘密，承担保密义务。未经对方事先的书面许可，任何一方不得利用或披露这些信息

从上述协议内容可知，双方均有保守商业秘密的义务。在我国高铁的出口中，随着设备、零部件等的出口，我方可能必须要向对方转让相关技术，这些技术中，有可能涉及我国在技术引进过程中知悉的技术转让方的商业秘密，向第三方披露或者利用这些商业秘密可能构成侵权。专利权有权利证书加以确认因而更加明确，因此可以通过全面的专利检索而加以避免；而在商业秘密的认定问题上则更加模糊，因此在高铁出口的过程中，可能“一不小心”就造成了对原技术出口方商业秘密的侵犯。

三、应对之策

我国高铁的发展基本遵循“引进、消化、吸收、再创新”的路径，① 并且在此过程中我们一直在提倡“自主创新”②。但是，自主创新的含义究竟是什么，它与技术侵权风险之间是什么关系，在此需要做一辨析。本文认为“自主创新”是指创新主体独立地依靠自己的智慧和力量而进行的一种拥有自主知识产权的创新，它分为原始创新、集成创新和引进消化吸收再创新三类。③ 按照国家知识产权局前局长田力普的说法，自主创新有三方面的含义：第一，是属于自己的；第二，是创造出来的；第三，是新的。在实践中，我们往往更强调创造或者创新的过程。但需要明确的是，即使是自己自主进行研发，没有抄袭或剽窃他人的技术，我们对自主研发的成果并不一定拥有自主知识产权。例如，在进行研发时，没有进行检索或者没有检索到相关技术，在作出发明创造后，才发现已经有人就相同的技术申请了专利或者已经获得了授权；或者，两个不同的主体同时研发一项技术，一方在另一方之前研发成功并向专利局申请了专利；又或者，某一技术原处于技术秘密保护状态，在一方独立进行技术研发后申请专利前，技术秘密权利主体将该技术向专利局申请了专利；等等。在这些情况下，自主进行技术研发的主体并不拥有知识产权，在将这些技术出口到国外时，极有可能面临技术侵权的风险。所以，自主研发的技术不等于拥有自主知识产权的技术，这一点需要明确。

①有观点认为，我国高铁完全放弃投入了巨资研发的“中华之星”，认为其“核心技术不成熟”，转而引进和消化国外技术，并非明智之举。

②自主创新、模仿创新和合作创新是技术创新的三种模式。参见傅家骥：《技术创新学》，清华大学出版社 1998 年版，第 96 页。

③《胡锦涛在纪念中国科协成立 50 周年大会上的讲话》，2008 年 12 月 15 日。

在我国高铁“走出去”的过程中，依据技术本身的创新程度以及与原引进技术之间的关系的不同，其面临的侵权风险的种类和可以采取的防范措施也不相同。

（一）无专利背景的技术创新

无专利背景的技术创新，是指该技术创新并非在现有有效专利的基础上作出的。主要包括两种情况：第一，在该领域尚无有效专利存在；第二，原有专利技术因为各种原因（如未缴纳专利年费、被申请无效、过了专利保护期等）而进入公有领域。第一种情形，一般认为是原始创新的结果。在这两种情况下，技术被创造出来之后，及时向国家专利局申请专利，如果符合专利“三性”条件，即可获得授权，获得中国专利。对于此类高铁技术，在出口的过程中，需要注意的问题是做好出口目标国的专利申请。由于专利的地域性特征，为了使中国的高铁专利在出口国获得保护，为中国高铁在世界市场上赢得竞争优势，应当及早做好专利布局工作。由上文中世界高铁领域知识产权的现状可知，中国已经成为世界高铁强国专利申请重点布局的市场，但是中国在其他国家专利布局尚处于刚刚起步的阶段。在高铁出口中，中国应当努力做到“市场未动，专利先行”。也正是由于专利的地域性特征，在中国是无专利背景的技术创新，可能在出口目标国存在有效的基础专利，这就需要我国在高铁出口过程中，审查目标国相关专利的情况，采取不同的应对措施，以避免侵权。

（二）有基础专利的技术创新

有基础专利的创新，是指该技术创新是在现存有效专利的基础之上作出的。虽然原始创新是最值得提倡的一种创新，但是随着现代科学技术研究的深入和细化，完全的原始创新非常困难，甚至可以说是凤毛麟角。尤其是中国高铁技术走的是一条“引进、消化、吸收、再创新”之路，“再创新”是建立在“引进、消化、吸收”的基础之上，因此，我国高铁领域的技术创新，相当多属于有基础专利的创新，由此而产生的专利，受到现有专利的制约比较多，需要我国的高铁企业及相关部门采用各种方法来避免侵权。

如果我国某项高铁技术的创新是在引进技术的基础之上做出来的，则判断该技术是否侵权首先就需要考虑合同中是否对技术改进有所限制。由前述合同条款的规定可知，三份主合同都没有限制中方对技术的改进，并规定改进技术的知识产权归属于中方。如果其他技术引进合同对中方进行技术改进有限制，则可以依据合同法或反不正当竞争法的相关规定，主张合同无效或限制竞争的条款无效。其次，需要考察改进技术是否落入原专利技术的权利要求范围之内。虽然合同中均约定，改进技术的知识产权归属于中方，但是，由于该技术不具有“实质性特点和显著进步”，或者技术特征落入原权利要求范围内，则该改进技术有可能不会获得专利授权。因此，依据技术引进协议，这种尚未权利化的技术在中国的使用不会被判定为侵权，但是该技术在出口到第三国时，可能会侵犯原专利。这就要求我国的高铁企业在“引进、消化、吸收”的基础上进行“再创新”的时候，增强其创造性程度，以期使该改进技术在国内外获得专利授权。

如果我国的某项高铁技术的创新是在已有专利技术的基础上作出的，但是我国未引进该项专利，对于改进技术是否侵权的问题，需要依据改进技术与原技术之间的关系来进行判断。如果改进技术从属于原专利，则该技术在中国和第三国的使用均可能构成侵权。如果改进技术与原专利技术之间存在交叉，也就是说，改进技术与原专利技术有一定的重叠，则改进技术在中国和第三国的使用是否构成侵权则需要具体判断。在中国，该技术的使用是否构成侵权，可以依据《最高人民法院关于审理侵犯专利权纠纷案件应用法律若干问题的解释》中确立的全面覆盖原则、等同原则、禁止反悔原则等来判断。而将改进技术出口到第三国时，由于不同国家在确定专利技术的保护范围上采取的原则不同,① 对于该改进技术的使用是否涉嫌侵权，需要结合具体国家的法律制度来加以判断。为了最大限度地避免侵权，需要在对现有专利技术进行检索的基础之上，有意识地采用“专利回避设计”，例如，对原专利技术中的背景技术、技术方案、权利要求等进行回避。此外，在判断一项回避设计是否必要时，除了在技术上是否可行，也即回避技术是否会被判断为侵权外，还需要考虑进行商业上的考量，也就是说，需要比较专利回避设计的成本与获得专利授权的成本（包括该专利中国境内的使用费与在出口目标国的使用费），以期用最小的代价获得最大的收益。但是，有些技术领域的核心技术是无法回避的，除了与权利人进行协商以期获得授权之外，还可以合理利用专利权用尽、专利的强制许可等规则，最大限度地维护我国高铁企业的利益。

---

①有的国家采用的是中心限定原则，有的国家采用的是周边限定原则，还有的国家采用的是主题内容限定原则（折中原则）。中心限定原则允许以权利要求书的文字为基础，进行一定的扩展，因此对发明人保护的力度比较大；周边限定原则严格按照权利要求书的文字描述来确定其保护范围，因此对公众和改进技术一方比较有利。主题内容限定原则则是二者的一个折中，以权利要求书的文字来确定保护范围，但说明书和附图可以用以解释权利要求书的内容。

（三）引进技术

如果我国出口的技术完全是引进技术（包括专利技术和技术秘密），则最大的风险来源于技术引进合同的规定。依据前述合同条款，我方取得的仅仅是在中国境内的非独占的使用权，则这种技术在出口国的使用，很显然构成了对对方专利权或者技术秘密的侵犯。在这种情况下，为了避免违约，有两种方法可以选择：第一，与原技术出口方进行谈判，以期让对方许可我方将该技术运用到拟出口国。在进行谈判的过程中，既可以支付相应的使用费，也可以争取与技术出口方达成交叉许可协议，以达到降低成本的目的。第二，对出口的技术进行研究，看是否有可能研发出对等替换技术。对等替换技术与前述改进技术不一样，改进技术重点在于在原技术的基础上进行改进，因其新颖性、创造性和实用性而获得专利授权；而对等替换技术着重点在于如何绕开原有专利，采用原专利权利要求书之外的技术来达到相同的效果。

四、结语

高铁“走出去”作为一项重大的国家战略，在实施的过程中会面临着政治、法律、社会、经营、人身安全等诸多风险。[①] 由于我国高铁技术走的是一条“引进、消化、吸收、再创新”之路，虽然近年来取得了很大的成就，但知识产权尤其是专利技术的创造性程度不高，企业对核心技术掌握程度不够，专利布局尚处于起步阶段，且受到原技术引进合同的诸多限制，这就导致高铁在“走出去”的过程中面临着很大的技术侵权风险。此外，由于诸如美国的“337 条款”等贸易保护主义条款的制约，使得我国的高铁产品很难进入相应国家的市场，同时也容易造成不良的影响。这一系列问题的解决，需要我国的高铁企业针对技术的不同特点采取差异化的应对措施。另外，在防御的同时也需要主动出击，充分利用各国的知识产权制度，做好专利布局工作，最大限度地规避风险，为我国高铁“走出去”战略的实施奠定基础。

---

①韩潇：《中国铁路“走出去”铁路法治建设与〈铁路法〉修改》，载《高铁“走出去”战略中的铁路法制建设暨〈铁路法〉修改问题论坛论文集》，2015 年 11 月。

机票超售行为的网络销售平台和航空公司法律责任界定探析

崔爱民　郑　翔*

摘　要：从网络销售平台购买机票已成为主要购票方式之一，机票超售引发的纠纷中网络销售平台和航空公司的法律责任分担问题也逐渐凸显。目前，学术界在航空公司对机票超售行为的法律责任及救济措施方面的研究高屋建瓴，但根据不同交易模式下网络销售平台的法律地位分别分析其法律责任的理论研究比较少。因此，本文的主要研究对象是机票销售行为中网络销售平台和航空公司的法律责任界定问题。本文主要分为三大部分。首先，阐明航空公司机票超售行为的违约责任和侵权责任。其次，从网络销售平台作为航空公司的官方网站、机票销售代理商、机票销售居间人、在线旅游网站这些不同法律主体的角度论述其应当分担的法律责任。最后，分析网络销售平台通过欺诈行为造成机票超售的法律责任。本文旨在促使二者践行诚实信用原则以更好地保护消费者的权益。

关键词：机票超售；网络销售平台；法律责任

2016年7月4日在携程网上订好了长沙至昆明的四川航空机票的陈先生在长沙黄花国际机场办理取票及登机手续时，被告知航班已经满员，他无法登机。陈先生很不解，虽然订票时没有选座位，但自己是通过正规网站订票，系统已提示出票成功，为什么就不能登机？工作人员告诉他是由于机票“超售”。

机票超售现已成为航空业的惯例，是指航空公司出售多于客机座位数的机票来

* 作者简介：崔爱民，北京交通大学法学院硕士研究生；郑翔，女，北京交通大学法学院副教授。

减少因旅客误点或改签使得客机未满员起飞而造成的利益损失，提高航班利用率。所以，如果航空公司针对某个航班进行了超售，搭乘该航班的旅客越晚办理值机，则无法登机的可能性就越大。旅客因超售机票无法登机，航空公司需要承担什么样的法律责任？类似携程网的机票网络销售平台又需要承担什么样的法律责任？本文通过分析机票超售行为的法律关系，来厘清网络销售平台和航空公司应该承担的法律责任。

一、航空公司机票超售行为的法律责任

（一）违约责任

旅客购买机票本质上是和航空公司签订了一个航空运输合同，其主要的内容是航空公司将旅客运输到约定地点，旅客支付票款。航空公司向旅客出票时，合同成立并生效。机票超售会导致不能登机的旅客无法按照约定时间到达目的地，很明显航空公司违反了按时将旅客送达目的地的合同义务，应当承担履行延迟或履行不能的违约责任。从法律理念来看，航空公司从事机票超售行为是违背诚实信用原则的。诚实信用原则是指民事主体从事民事活动时应当诚实守信，正当行使民事权利并履行民事义务，不实施欺诈和规避法律的行为。①

依据《中华人民共和国合同法》（以下简称《合同法》）第 110 条和第 94 条，旅客可以要求航空公司采取补救措施，比如为其改签或升舱，乘客因升舱或改签其他航班而需加付的费用，可依据《合同法》第 113 条向航空公司主张赔偿，因为这部分损失属于航空公司于订立合同时预见到或者应当预见到的因违约可能造成的损失；旅客也可以要求航空公司赔偿损失或支付已约定的违约金；如果延误重大以至于运输合同目的无法实现，航空公司构成根本违约，旅客可主张解除合同，已经支付的机票费用，旅客可依据《合同法》第 97 条的规定，要求恢复原状，即返还价款，使旅客的财产恢复到没有履行合同时的状态。

航空公司往往对旅客的损害赔偿请求，提出超售属于商业风险来进行抗辩。但仔细分析一下，可以看出超售风险不属于《中华人民共和国民用航空法》第 126 条中

①《合同法》第 6 条规定："当事人行使权利、履行义务应当遵循诚实信用原则。"《中华人民共和国消费者权益保护法》第 4 条规定："经营者与消费者进行交易，应当遵循自愿、平等、公平、诚实信用的原则。"

承运人已经采取一切必要措施或者不可能采取此种措施无法避免的风险，对于超售可能造成的损害，承运人不仅可以预见，并且属于“知道还有意为之”的故意行为，[①]是在实践中故意违背诚实信用基本商业道德的行为。

（二）侵权责任

根据《中华人民共和国消费者权益保护法》（以下简称《消费者权益保护法》）第 8 条，消费者有知悉其接受的服务的真实情况的权利。所以旅客有权知道自己会面临无法登机的情况进而选择是否接受这种风险。对于机票超售可能性的告知，航空公司通行的做法是在其官网公布《旅客、行李国内运输总条件》[②]。这些规定属于航空公司为了重复使用而预先拟定，并在订立合同时未与对方协商的条款。[③] 航空公司在其官网公布《旅客、行李国内运输总条件》，不满足在“合同订立时”“以清晰明白易懂的语言或文字”“特别标识”提醒乘客注意其对超售这一“免除其责任、加重对方责任、排除对方主要权利”合同条款的要求，而且航空公司关于超售的网页说明欠缺普及性和明确性，几乎无法让不特定的社会公众了解。旅客因不了解“超售”这一规则无法登机，有可能引发票款及时间利益损失，因此，应该认定航空公司侵犯旅客知情权，并且承担相应的损害赔偿责任。

二、机票网络销售平台的法律责任

机票网络销售平台在实践中在法律关系中处于不同地位，承担的权利义务也不同，所以相应的法律责任也不同，主要分为以下四类。

（一）航空公司官方网站

当网络销售平台就是航空公司的官方网站，代表航空公司在网上售票时，其实施的机票超售行为，属于职务行为。因为航空公司官方网站在法律地位上并没有独立人

---

①贺栩栩：《机票“超售”之法律责任辨析》，载《北京航空航天大学学报》（社会科学版）2016 年第 1 期。

②《中国国际航空股份有限公司旅客、行李国内运输总条件》第 10 条第 1 款规定：“为满足更多旅客出行需求，我们可能在部分容易出现座位虚耗的航班上采取适当超售的方法，以保证更多的旅客搭乘理想的航班。”

③根据《合同法》第 39 条和《最高人民法院关于适用〈中华人民共和国合同法〉若干问题的解释（二）》第 6 条，采用格式条款订立合同的，提供格式条款的一方应当遵循公平原则确定当事人之间的权利和义务，并采取合理的方式如采用足以引起对方注意的文字、符号、字体等特别标识提请对方注意免除或限制其责任的条款，按照对方的要求，对该条款予以说明。否则，当事人有权申请撤销该格式条款。

格。因此，网络销售平台的法律行为应被认定为航空公司的法律行为，其法律后果也由航空公司承担，作为网络销售平台并不能成为法律责任主体。

（二）机票销售代理商

当网络销售平台仅作为票务代理商时，其和航空公司构成了代理法律关系。① 依据代理的基本法理，代理的目的是为被代理人进行民事活动，代理人的行为效力当然归属于被代理人，包括设定的权利归被代理人享受，义务归被代理人承担，代理人的行为给他人造成的损害由被代理人赔偿。因此，机票销售代理商进行机票超售行为的后果直接由航空公司承担。机票销售代理商在代理权限内依照约定从事正常的机票销售行为，即使出现超售情况，机票销售代理商与旅客之间，也不因该机票销售行为而承担法律责任，也就是说这类网络销售平台无须对航空公司违约及侵犯旅客知情权的行为承担法律责任。但需要注意的是，如果机票销售代理商超越了航空公司委托的代理权限，超过航空公司允许的数量而出售机票，开具虚假的机票出票单，则构成无权代理。机票销售代理商作为无权代理人应承担机票超售的法律责任。

（三）机票销售居间人

当网络销售平台仅作为居间人时，所提供的服务是为航空公司直销和旅客购买提供订立合同的平台和向其报告订立合同的机会。这种 B2C 的运营模式所引发的纠纷可适用《消费者权益保护法》第 44 条②。该条规定的网络交易平台提供者承担的附条件不真正连带责任，并不只包括侵权责任，也包括违约责任。③ 违约行为或者侵权行为发生在利用网络平台进行交易的当事人之间，互联网企业参与其中为交易行为的实施提供了平台，违约或者侵权法律关系就形成了三个当事人作为主体的情形。在互联网企业作为责任主体之一时总要与一方当事人形成多数人侵权行为或者多数债务人的法律关系，因而须依照多数侵权行为人或者多数债务人的规则共同承担民事责任。就违约责任而言，因为超售机票现已成为国际惯例，网络销售平台很

---

①《中华人民共和国民法通则》第 63 条第 2 款规定："代理人在代理权限内，以被代理人的名义实施民事法律行为。被代理人对代理人的代理行为承担民事责任。"

②根据《消费者权益保护法》第 44 条，网络交易平台提供者不能提供销售者或者服务者的真实名称、地址和有效联系方式的，消费者也可以向网络交易平台提供者要求赔偿。网络交易平台提供者明知或者应知销售者或者服务者利用其平台侵害消费者合法权益，未采取必要措施的，依法与该销售者或者服务者承担连带责任。

③杨立新：《网络平台提供者的附条件不真正连带责任与部分连带责任》，载《法律科学》2015 年第 1 期。

难证明自己对航空公司在其平台上超售机票行为不知情，因此，考虑到网络销售平台明知或应知航空公司在其平台上超售机票，网络销售平台与航空公司形成共同违约，应承担不真正连带责任，即向旅客先行赔付，之后向航空公司追偿。就侵权责任而言，只有在网络销售平台不知道也不应该知道航空公司利用其平台实施侵权行为时，才可以免责。对于旅客的知情权被侵犯，因为网络销售平台明知航空公司在其平台上超售机票还为其提供平台交易，有协助超售机票的故意，可以根据《中华人民共和国侵权责任法》第9条“教唆、帮助他人实施侵权行为的，应当与行为人承担连带责任”，二者的行为构成共同侵权且承担连带责任。机票销售居间人如果先对旅客承担了损害赔偿责任，则可以对航空公司追偿。至于机票销售居间人和航空公司之间的责任分担，应根据双方各自的过错程度和原因力比例确定，难以确定责任大小的，平均承担。[①] 如果机票销售居间人在销售机票时，在相关协议中明确表示要求航空公司不得超售机票或者明确提示旅客注意航空公司存在机票超售风险，则可以免责。

（四）在线旅游网站

当网络销售平台为在线旅游网站即旅游经营者时，则机票服务只是其旅游服务中的部分内容。当旅游经营者与航空公司签订合作合同，明确航空公司应协助旅游经营者履行旅游合同义务、作为实际提供交通服务的旅游辅助服务者时，如果因为旅游辅助服务者超售机票旅客无法登机，旅游经营者无法履行旅游合同中的义务，旅客可依照《中华人民共和国旅游法》（以下简称《旅游法》）第70条的规定向网络销售平台主张违约责任。[②]

根据《旅游法》第71条的规定，[③] 有人认为因航空公司的原因导致违约的，网络销售平台作为组团社应对履行辅助人（航空公司）超售行为引发的旅游服务合同迟延履行或者不能履行承担违约责任。但是根据《最高人民法院审理旅游纠纷案件司法解释理解与适用》中的观点，航空公司不属于旅游辅助服务者。旅游经营者的

①《中华人民共和国侵权责任法》第14条规定：“连带责任人根据各自责任大小确定相应的赔偿数额；难以确定责任大小的，平均承担赔偿责任。”

②《旅游法》第70条第1款规定：“旅行社不履行包价旅游合同义务或者履行合同义务不符合约定的，应当依法承担继续履行、采取补救措施或者赔偿损失等违约责任。”

③《旅游法》第71条第1款规定：“由于地接社、履行辅助人的原因导致违约的，由组团社承担责任。”

违约系公共交通工具延误而发生，应当限制旅游经营者的责任，由其退还因减少旅游项目而未实际发生的费用，法院不支持旅游者主张旅游经营者继续履行合同或者赔偿损失。最高人民法院不认为航空公司是“旅游服务提供者”，因为公共交通延误不在旅游经营者可控范围，旅行社对公共交通运营无干涉可能性。令旅行社承担其不可控的、因航空公司延误造成的乘客财产损失有失公平。而令公共交通承担迟延损失，令旅行社返还减少提供旅游项目而节省的费用，较为合理。[①] 而且，按照《旅游法》第71条第2款的规定：“但是，由于公共交通经营者的原因造成旅游者人身损害、财产损失的，由公共交通经营者依法承担赔偿责任，旅行社应当协助旅游者向公共交通经营者索赔。”该“但书”规定认为“公共交通经营者”为特殊的履行辅助人，因其原因造成旅游者财产损害的，旅行社仅需提供协助，而非迟延责任的最终责任人。可见，虽然航空公司是旅游辅助者，但由于其属于公共交通，法律对其给予了特别规定，由此免除了网络销售平台的责任，而由航空公司对其超售机票行为所引致的旅客财产损失承担责任。

虽然现有法律已经有了明确规定，但是本文认为该法律规定容易引发道德风险，因为旅游经营者无须对航空公司超售行为承担法律责任，其在选择相关航空公司时，就没有择优合作的刺激。反之，如果将航空公司视为旅游辅助经营者，这样旅游经营者就需要对航空公司的行为承担违约责任，选择航空公司合作时就会考虑航空公司是不是存在严重的违背诚实信用原则的超售行为，在合作服务磋商时就会主动要求订立约束旅游辅助服务者的条款，提高旅游服务质量。

与旅游合同中的违约采取严格责任的归责原则不同，对于旅客的知情权被侵犯，无论航空公司是否属于旅游辅助服务者，网络销售平台都应当与航空公司承担连带责任。其责任承担方式和范围类似于机票销售居间人。

三、网络销售平台通过欺诈行为造成机票超售的法律责任

机票超售行为往往和航空公司的行为有某种关联，所以网络销售平台和航空公司之间存在着法律责任分担的问题。但是实践中，也有网络销售平台单独过错造成机票超售的情况，在这种情形下，航空公司不存在任何过错，所以不承担任何责任，只需

①奚晓明：《最高人民法院审理旅游纠纷案件司法解释理解与适用》，人民法院出版社2010年版，第219－221页。

分析网络销售平台的法律责任。需要注意的是，在前述四种网络销售平台中，当网络销售平台就是航空公司的官方网站时，不可为独立意思表示，网络销售平台仅作为居间人时，没有干涉双方当事人交易内容的权利，所以在这两种情况下网络销售平台不会出现故意欺诈消费者单独承担法律责任的情形。

当网络销售平台作为代理商或者作为旅游经营者，在和旅客建立合同关系过程中，有独立决定意思表示的可能，因此有可能存在为了牟利而故意欺诈消费者然后让航空公司承担责任的利益刺激。例如，网络销售网站在前一位乘客换完登机牌以后将其信息恶意取消使得交易平台上空出一个座位可再次出售，① 旅客到机场值机时会被告知座位已满从而将此归咎于航空公司机票超售的规则。如果出现这种情形，应该认为网络销售平台提供服务有欺诈行为，要承担惩罚性法律责任。② 网络销售平台实行了欺诈行为，使旅客陷入错误认识从而基于错误认识做出了处分财产的行为，网络销售平台因此获利，所以如果网络销售平台的诈骗金额达到了刑法规定的数额较大的程度，则构成诈骗罪需要承担刑事责任。

四、结语

航空公司从事机票超售行为违背诚实信用原则，从而引起违约责任和侵权责任。网络销售平台合理分担航空公司的法律责任是法律公平正义的体现。在非网络销售平台欺诈造成机票超售的情况下，应当确立以航空公司承担责任为主，网络销售平台承担责任为辅的责任体系。不同经营模式的网络销售平台，其法律性质不同，因而要实施分类监管并在法律责任认定上加以区分。当前网络销售平台在创新的道路上将自身的定位与现行法律之间的关系搅得愈加模糊，因此认定网络销售平台的法律性质也会愈加复杂。现在亟待出台一套系统性的法律法规规章，明确票务网络销售平台的义务和禁止性行为，构建民事、行政、刑事三位一体的法律责任体系。

---

①参见中国旅游新闻网，http：//www. cntour2. com/viewnews/2015/03/14/WHuuYRzbBdTetL7CP01l0. shtml，2016年11月3日访问。

②《消费者权益保护法》第55条第1款规定："经营者提供商品或者服务有欺诈行为的，应当按照消费者的要求增加赔偿其受到的损失，增加赔偿的金额为消费者购买商品的价款或者接受服务的费用的三倍；增加赔偿的金额不足五百元的，为五百元。法律另有规定的，依照其规定。"

火车逃票行为的民事法律责任及措施研究

李　泽*

摘　要：火车逃票行为是一直存在于社会上的一种难以遏制的现象，此问题背后所涉及的民事法律责任问题常常为人们所忽视。随着“火车逃票失信记录”及“社会诚信系统建设”政策的出台，这一问题又被摆在了公众面前，对其民事法律责任的研究也变得尤为重要。本文将先对火车逃票的种类和原因进行分析，其次在此基础上引出此行为所涉及的诚信问题并对这一行为所涉及的民事责任进行分析进而给出责任承担措施，最后提供一些国外经验及建议，以供学界参考。

关键词：火车逃票；民事责任；诚信；火车逃票失信记录；诚信体系

1825年，当一台蒸汽机车从英国修建的斯托克顿至达林顿铁路线上行驶而过的时候，人类历史的一扇崭新大门被近代铁路运输业开启了。① 自此，地区与地区、国家与国家之间的隔阂被持续打破，社会不断进步、经济不断发展、世界逐渐融合。1881年，在“师夷长技以制夷”的思想影响下中国清政府修建了第一条官办铁路——唐旭铁路。中华人民共和国成立以后，中国汲取外国的建造经验在此基础上又进行了多种创新并进行多次提速实验，为世界铁路事业的发展做出了巨大贡献。但就是我国这样一个铁路大国，人们对于铁路的认识却不够深刻，在铁路为人们提供了巨大的通行便利后，人们回以的却是大面积的逃票行为，此种现象不能不引人深思。如今加强诚信建设是我国国家发展中的一项重要任务，频繁而常态化的火车逃票行为对我国的诚信及法治建设产生了极为不利的影响，此问题应引起足够的重视。为了解决这一问

---

* 作者简介：李泽，北京交通大学法学院硕士研究生。

①佟立本：《铁道概论》（第6版），中国铁道出版社2012年版，第14页。

题，加强民事领域对火车逃票行为的责任研究具有必要的现实意义。

一、我国火车逃票现状

（一）火车逃票的种类[①]

火车逃票的方式种类较多，这里具体分析其中五种比较常见的逃票方式，其中前三种属于票不符程，即所购买车票和其所乘的路程不相符，逃脱的是部分车费。后两种则属于无票乘车，即逃脱的是全程的车费。

1. 持站台票上车

所谓持站台票上车，顾名思义，即行为人只买了一张价格低廉的用来送亲朋进入站台的票据，却以此通过进站的关卡进而登乘列车。此种方式现在几乎已经无法施行，因为大部分车站已经不再出售站台票，可以说，这在一定程度上制止了一部分的逃票行为。

2. 持短途票乘长途车

这种行为比较常见于乘长途车的旅客，此种旅客一般会购买所乘路程的出发站和终到站所距最近距离站的车票，以此通过进站和出站的关卡。

3. 利用补票一票两人用

此种方式的逃票不如前两种逃票行为容易施行，使用这种逃票方式的逃票者相对心理承压能力较低而道德感较前两种略强。行为人通过他人对自己的车票报失取得第二张车票，使车站损失半人票价。

4. 允许临时上车未补票

这种逃票方式多为“关系户”方式，即通过和车务人员拉关系套近乎，从而成功进入车厢，并且不在登车后补票。

5. 偷越乘车

这是无票乘车的第二种方式，常见于短途乘车及人工检票，行为人多利用人流量大、安检较松或使用旧车票蒙混过关，混入车厢内部，利用短途车多不会于车内进行二次验票这一情况成功逃票。

（二）火车逃票的主要原因

逃票行为是由多种复杂原因构成的一种社会现象，此种现象并非只出现在铁路交

---

①华政：《乘火车逃票将纳入失信记录》，载《北京日报》2016年1月22日。

通运输领域，但是较之其他领域来说，铁路交通运输领域的逃票问题出现的次数更为频繁，产生的影响更为恶劣，这里引两个数据可以在一定程度上暴露此一问题。据台湾铁路管理局统计，台铁车 2011 年全年平均每班车查到各类逃票 6 人，其平均每天通行 900 多次列车，依此计算相当于每天逃票人数达到 5000 多人，而这只是台湾一个地区被发现的逃票人数。① 同时据北京铁路局统计，从 2014 年 9 月 1 日至 2016 年 1 月 21 日，北京铁路局共计发出《无票乘车告知确认书》17534 张。② 这个数据是非常惊人的，如果说台湾铁路管理局的统计时间较早，各项制度建立不完全，加上有地区特异性因素干扰，那么在北京铁路局推出"乘车诚信管理系统"后依旧有这么大数量的乘客选择逃票，其背后的原因就十分值得深思了。这里我们主要从道德和法制两个方面对此种行为产生的普遍性原因做浅要分析，至于那种为了追求"冒险感"等产生的特异性心理因素这里不做过多赘述。

1. 道德责任感降低及从众心理

逃票行为产生的一个主要原因便是道德原因，公众的诚信度的降低是造成此一行为的一个主要方面。随着社会经济的发展，人们的经济物质水平提高了，但是思想素质并没有得到同步增长。人类较稳定的道德意识多建立于青少年时期，学校在过分关注学生成绩的同时也忽略了一部分诚信道德及社会责任感的教育，这是诚信缺失的原因所在。

在此基础上，第一批逃票的人出现了。而人类作为易受社会环境影响的群体，在周围出现部分逃票者后，道德立场不坚定的那一部分人随之成为第二批逃票者。随着周围出现的逃票者越来越多，有的人甚至会为自己因逃票行为成功而沾沾自喜。

2. 法制的不健全

除了道德因素外，另一个重要的原因便是法制的不健全。贝卡利亚在《犯罪与刑罚》一书中说过：一个社会如果没有成文的东西，就绝不会具有稳定的管理形式。③ 自国家这个概念出现以来，人类就在寻找一种切实可行的方法使这个国家成为人类的伊甸园。随着朝代的更替和时代的变迁，人类渐渐明白那种仅靠道德感来支撑

---

①孙靖：《搭火车逃票平均一天 5000 人》，载东南网，2012 年 4 月 5 日发布，http：//www.fjsen.com/b/2012－04/05/content_8140032.htm。

②《北京铁路局完善乘车诚信管理系统》，载中国铁路总公司官网，2016 年 2 月 4 日发布，http：//www.china－railway.com.cn/xwdt/tlxw/201602/t20160204_55304.html。

③［意］切萨雷·贝卡利亚：《论犯罪与刑罚》，黄风译，北京大学出版社 2008 年版，第 15 页。

的稳定毫无冲突的社会相处模式就如乌托邦一样只是一种美好的幻想，或者说以人类如今的进化程度来说是不切实际的。因此，想要限制一种存在于社会的恶性行为仅靠道德是无法实现的。而在逃票领域我国并没有建立明晰的法律制度，因为它的恶性程度虽然大却又着实无法达到犯罪的危害程度，所以从刑事领域立法显然不符合我国罪刑责相适应的刑事法律原则。但是这种行为确实又侵犯了一部分的社会利益，并引起了“多米诺骨牌”效应，因而从民事法律责任角度对其加以限制是比较符合现实意义的。

二、逃票行为引发的诚信问题

根据《中华人民共和国民法通则》（以下简称《民法通则》）第4条的规定，民事活动应当遵循自愿、公平、等价有偿、诚实信用的原则。火车逃票这一行为就触犯了其中的三项原则，其民事违法性是毋庸置疑的。加强铁路诚信建设有利于铁路运输系统与旅客之间稳定及和谐关系的建立，并在此基础上促进社会稳定发展、加快国家法治建设。而火车逃票行为对于此三原则的触犯必将在一定程度上损害社会诚信体系及铁路交通诚信的建设。

（一）公平原则

公平原则是法律基本精神的体现，它所追求的是通过保证各方利益及损失的同等性及相当性来使社会处于一种平衡及稳定状态。也就是说，既然持票乘车是乘坐火车的硬性规定，那么在大部分人都选择遵守规定的时候，选择逃票的那部分人已经触犯了他人的公平利益。《论语·季氏》第十六篇曾有言曰：不患寡而患不均。显然公平的重要性是自古就被认可的，失去了公平的社会会引发人们对社会角色感的错乱，不能再各司其职，各守其规，法律会成为摆设，道德会大面积崩坏，诚信也将成为一个无处安放的尴尬所在。

（二）等价有偿原则

等价有偿原则使用的范围较公平原则来说较窄，它主要适用于市场经济下的等价有偿性交易，我们乘坐火车订立道德客运合同就在其管辖范围内。所谓等价即有价才有偿，无价无所得，这也是一种变相的公平原则，一切行为权利与义务都是相伴而生的，这样才合道理合规则。逃票者逃脱了票价的支付而享受了铁路运输的服务，这是不公正的，它违背了大家墨守的以等量付出获取回报的原则，这种行为具有欺诈性，是对一个人基本诚信的违背，也是对社会诚信的亵渎。

（三）诚实信用原则

现如今，在我们的社会中交易行为无处不在，人们在选择交易对象时的首要衡量标准就是对对方的信任度，如果对方的诚信度较低，就意味着一旦你与对方达成交易就有可能面临着付出与回报不成正比的风险。这是一个理性人不会做出的选择。诚实信用原则的存在就是要求所有参与商事活动的人都能够讲诚信，不欺诈，并依此给大家提供明确的进行交易活动的安全范围。人们如果都能够以此为警绳规范自己的行为，社会就能在一个稳定和谐的状态下运行。当然愿望总是美好的，现实却从不这样，因此我们就需要运用法律规范进一步约束人们的行为，以此给人们指出正确而明确的道路。

三、火车逃票行为的具体民事法律责任分析

要解决火车逃票这一社会问题最重要的一步就是要先分析清楚这一行为到底在法律范围内触犯了怎样的规则，而对于其触犯的规则又要承担怎样的法律责任。根据《中华人民共和国合同法》（以下简称《合同法》）第 293 条①的规定，客运合同自承运人向旅客交付车票时成立，也就是说当旅客逃票的时候其本身和承运人之间并没有建立合法的民事法律关系，在其享受承运人所提供的运输服务时并没有履行其应向对方支付对价的义务，由此而产生了相应的民事法律责任。同时《中华人民共和国铁路法》第 14 条②及《合同法》第 294 条③也有规定，旅客乘车应持有效车票。这里“有效车票”应做扩大解释，既包括票据本身的有效性也包括其票据内容即里程数的有效性。《合同法》第 294 条也作了详细规定，即当旅客无票乘运、超程乘运、越级乘运或者持失效客票乘运时，其应当补交票款或对其加收票款，对于拒不交款的，承运人可以拒绝对其的运输。逃票行为已经违反了“持有效车票乘车”这一规定，但是此规定仅指出当发现旅客有逃票行为时可以要求其支付票款或者加收票款，拒不交

①《合同法》第 293 条规定：“客运合同自承运人向旅客交付客票时成立，但当事人另有约定或者另有交易习惯的除外。”

②《铁路法》第 14 条规定：“旅客乘车应当持有效车票。对无票乘车或者持失效车票乘车的，应当补收票款，并按照规定加收票款；拒不交付的，铁路运输企业可以责令下车。”

③《合同法》第 294 条规定：“旅客应当持有效客票乘运。旅客无票乘运、超程乘运、越级乘运或者持失效客票乘运的，应当补交票款，承运人可以按照规定加收票款。旅客不交付票款的，承运人可以拒绝运输。”

款的也仅仅是要求其下车，除此之外对其责任承担不再有更强硬的规定。对于这一问题会在第四部分责任承担措施部分给出相应建议，这里将先针对因逃票行为的不履行义务而产生的民事法律责任，从不当得利、欺诈及违约责任几个方面对其民事责任承担问题进行分析。

（一）不当得利之债

前面我们已经提到民事法律的责任产生是因为义务的未履行，这里特指没有支付车票价款。对于未支付对价而享受服务这一具体情况，我们认为这里存在一个不当得利之债。根据《民法通则》第 92 条①的规定，没有合法根据，取得不当利益，造成他人损失的，应当将取得的不当利益返还受损失的人。行为人进行逃票行为是躲避了车票价款的支付义务，其取得的交通运输服务没有合法的根据，并造成了铁路运输企业的损失，是一种明显的不当得利。因此，这里的逃票者和铁路运输企业之间产生了相应的债权债务关系，铁路运输企业有资格向逃票者要求退还其所取得的不当利益。显然，运输服务行为已经付出无法退回，所以只能要求对方支付对应的票价并给予一定的赔偿。

（二）因欺诈行为引起的无效民事行为

在逃票者和铁路运输企业之间我们认为除了不当得利之债外还存在一个逃票者对运输方的欺诈行为，这里主要针对的是票不符程的几种以订立合同为前提的逃票方式。当旅客和运输方之间选择订立铁路客运合同时，双方之间是基于一种信赖关系而进行合同订立行为的。当行为人进行逃票行为时，其本质上是对运输方的一种欺诈行为，基于信赖利益保护原则需要对运输方的利益进行保护。根据《民法通则》第 58 条②的规定，一方以欺诈手段使对方在违背真实意思下所为的民事行为无效。运输方在逃票者的欺诈下允许对方乘坐列车显然违背了其真实意愿。而根据《民法通则》第 61 条③规定，民事行为被确认为无效或者被撤销后，当事人因该行为取得的财产，

①《民法通则》第 92 条规定："没有合法根据，取得不当利益，造成他人损失的，应当将取得的不当利益返还受损失的人。"

②《民法通则》第 58 条规定："下列民事行为无效：（一）无民事行为能力人实施的；（二）限制民事行为能力人依法不能独立实施的；（三）一方以欺诈、胁迫的手段或者乘人之危，使对方在违背真实意思的情况下所为的；（四）恶意串通，损害国家、集体或者第三人利益的；（五）违反法律或者社会公共利益的；（六）经济合同违反国家指令性计划的；（七）以合法形式掩盖非法目的的。无效的民事行为，从行为开始起就没有法律约束力。"

③《民法通则》第 61 条规定："民事行为被确认为无效或者被撤销后，当事人因该行为取得的财产，应当返还给受损失的一方。有过错的一方应当赔偿对方因此所受的损失，双方都有过错的，应当各自承担相应的责任。"

应当返还给受损失的一方，即退还车票价款。

（三）违约责任

所谓违约责任，是指合同当事人一方不履行合同义务或履行合同义务不符合合同约定时所应承担的民事责任，《民法通则》第111条[①]及《合同法》第107条[②]都对其有规定。这里我们以超程承运即以短途票乘长途车为例进行分析。在行为人与运输方订立合同时其选择的是乘坐短距离的列车，但是其实际乘坐的路程超出了其订立合同所选择的范围，这时行为人本身是负有按约定乘车的义务的，但是没有履行，因此就存在一个违约责任。

四、我国逃票行为的民事法律责任承担措施

通过对火车逃票行为所涉及的民事法律责任分析我们不难发现，虽然我们可以在法条的字里行间寻找到此一行为的民事违法性以及责任承担依据，但是就如我们前文所提到的，关于逃票行为的民事责任承担并没有一个具体而强硬的措施，除此之外我们也缺少一个有效的方式发现如此大面积的逃票行为。多年来为了解决此问题我国也做了许多的努力与尝试，这些措施的确在一定程度上减少了火车逃票行为的数量，但是这种减少又的确没有达到我国诚信及法治国家的需求，所以对火车逃票行为的民事责任研究依旧是一项重要课题。针对这一问题我国也实行了很多措施，这里重点介绍一下实名制和火车逃票失信记录两种措施。

（一）实名制

火车票实名制是指旅客凭借个人身份证购买火车票的一项制度，于2010年开始实行，其产生的最初目的是解决春运期间一票难求的问题，后来随着这项制度的广泛应用，对于火车逃票问题的解决也产生了一定的积极意义。这项制度通过对车票的身份核实限制了一部分的逃票行为，但是它存在着一些较大的漏洞，比如即使用化名也可以购买车票，[③] 车票上的个人信息容易通过破解二维码被泄露，除此之外还有产生

---

①《民法通则》第111条规定："当事人一方不履行合同义务或者履行合同义务不符合约定条件的，另一方有权要求履行或者采取补救措施，并有权要求赔偿损失。"

②《合同法》第107条规定："当事人一方不履行合同义务或者履行合同义务不符合约定的，应当承担继续履行、采取补救措施或者赔偿损失等违约责任。"

③张枫逸：《化名动漫人物购票戳中实名制漏洞》，载《运输经理世界》2014年第1期。

“利用补票一票两人用”此种逃票方式的根源：挂失补票漏洞。① 由此可见，实名制的建立并非无懈可击，同时实名制并没有对应的立法规定，这就导致其存在一定的脆弱性。

（二）火车逃票失信记录

自2014年北京铁路局推出“乘车诚信管理系统”将严重失信人群失信档案提供给社会信用机构取得良好效果，2016年火车逃票又将被纳入个人信用系统，被列入诚信黑明单的逃票者的个人出行及信贷活动将会受到一定的限制。这一制度的设定对一部分具有从众心理的跟风逃票者具有相当的威慑力，为了逃票而获取的微小利益而被列为失信者，这桩买卖显然是不值得的。同时根据国务院发布的《社会信用体系建设规划纲要（2014—2020年）》的通知，“建立健全社会诚信制度”是当前的一项重要任务，火车逃票失信记录的建立符合其发展要求。但是如何使火车逃票失信记录应用于现实实践当中，并符合当前现实逃票困境是我们所面临的一大问题。虽然我国已经开始重视诚信体系的建立，但是其制度还十分不完善。首先我国虽然将逃票行为列入失信记录但是并没有将其与个人的银行、学业等档案连接；其次个人的失信记录并不能有效及时地反馈给个人和公众；在建立失信档案的同时并没有相应的法律法规等刚性规范出台。以上种种都使失信记录的建立缺乏威慑力，相应的设立效果就会被弱化，这里借鉴一些发达国家对于诚信系统建立的成功经验具有现实意义。

五、国外逃票行为诚信体系建立经验及对我国的启示

“实名制”和“火车逃票失信记录”的确在一定程度上遏制了逃票行为，其主要是利用操作困难及高风险两种方式对逃票行为进行威慑，但是这只能解决一部分的问题，当面对高额的票价和难以买到合适的票的问题时依旧会有很多人选择逃票。从技术问题上来说，存在人工检票而未将闸机全覆盖是一个不容忽视的原因，但是更重要的是我国应该从法律层面对此行为进行限制，仅靠几项制度和一些含混模糊的法律规定并不能对逃票者起到有效的震慑作用，因为人总存在侥幸心理。这里我们认为

①李华：《关于堵住火车票挂失补办漏洞的思考》，载《交通企业管理》2012年第11期。

《铁路旅客运输规程》第 44 条[①]中关于逃票的规定是比较具体而合理的，它对具体逃票行为及相应的民事责任做了具体的处罚规定。但遗憾的是这项规定并不为大众所知，这样它的存在就没能较好地起到对旅客行为的规范作用。因此，我国应该在立法层面做出更多类似的处罚规定，并且做到积极良好的普法工作。只有注意相关法律法规的制定，才能更好地健全社会诚信体系，要重视法治与德治之间相辅相成、相互促进的关系。只有立法与立德并重，国家发展才能更加稳健而光明。在诚信体系的建立上不同的发达国家有不同的构成模式，虽然设立结构不尽相同但是都产生了不错的效用，这里我们具体来分析一下美国和德国的诚信体系。

（一）国外经验

1. 美国

美国诚信体系的建立是由以教育和宗教为主导的“软性力量”和以一系列制度为主导的“硬性力量”构成的。[②] 美国对公民的诚信教育是从小开始的，以“六特质”为内容的人格教育是美国中小学生必须学习的重点，其中值得一提的就是“可信赖性”，这种特质自幼根植于民众心中。在此基础上美国的宗教又提供了强有力的助推效果，200 多年来宗教一直在美国社会中扮演重要角色，美国宗教中倡导的诚信约束了很大一批民众的行为。与此同时，美国的信用体系由资本市场上的信用评估机构、商业市场上的信用评估机构、对消费者信用评估的机构组成，并在此基础上出台了《信息自由法》《联邦咨询委员会法》《阳光下的联邦政府法》等法律，为诚信体系的建设夯实了法律基础。

2. 德国

德国社会诚信体系模式包括法律系统、公共信用信息系统和私营信用服务系统三大部分。[③] 德国目前并没有一部具体的信用管理法，但是关于信用管理的规定在民

---

①《铁路旅客运输规程》第 44 条规定：“有下列行为时，除按规定补票，核收手续费以外，还必须加收应补票价 50% 的票款：1. 无票乘车时，补收自乘车站（不能判明时自始发站）起至到站止车票票价。持失效车票乘车按无票处理。2. 持用伪造或涂改的车票乘车时，除按无票处理外并送交公安部门处理。3. 持站台票上车并在开车 20 分钟后仍不声明时，按无票处理。4. 持用低等级的车票乘坐高等级列车、铺位、座席时，补收所乘区间的票价差额。5. 旅客持半价票没有规定的减价凭证或不符合减价条件时，补收全价票价与半价票价的差额。”

②林鸿熙、郑露熙、张向前：《美国诚信体系建设对我国的启示》，载《科技和产业》2009 年第 12 期。

③张铁男、马涛、魏升军：《发达国家诚信体系建设经验分析及借鉴》，载《学术交流》2007 年第 8 期。

法、商法、信贷法等法律中均有涉及。公共信用信息系统主要有联邦银行信贷登记中心、地方法院、工商登记簿、法院破产记录、地方法院债务人名单。同时，德国政府在信用管理中的作用很大，中央银行承担主要的监管职能。而德国的私营信用服务系统则是德国社会信用体系的主体，信用服务机构是被作为中央银行的一个部门建立，而不是由私人部门设立。

（二）对我国的启示

通过上面的比较我们不难发现，美国和德国的诚信系统建立方式各有不同，但是大致结构是相似的，在这样的诚信体系下两个国家的逃票行为的发生频率都是较低的。面对外国发达国家诚信系统建立的成功经验，我国在发展过程中也可以得到一些借鉴。

1. 加强诚信内化教育

教育是一个国家发展的基础，良好的教育可以在青少年成长阶段为其树立正确的人生观、价值观。学生时期通过教育将诚信的概念根植于青少年心中会在其以后行为处事时对其产生无形的约束作用。将软性的道德通过教育变成每个人心中硬性的道德底线是建立诚信体系的一个前提要求。

2. 加强诚信立法工作

任何一个国家都不可能纯粹靠道德来维持运转，如果没有法律这项硬性措施做限制，诚信体系的建立就会成为无源之水、无根之木。只有建立完善健全而又成体系的法律规范，才能更好地为诚信体系的运转提供动力。同时，立法是一个长期而复杂的工作，必须加强基本法的立法工作，为诚信体系制度建设提供坚强后盾。

3. 加强信用机构分工建设

目前我国尚未建立完善而又分工明确的信用机构体系，这样失信记录就不能发挥其实际约束作用。信用机构的建立是诚信体系建设的结构基础，没有整个信用机构的配合，信用体系的约束作用就无法运用到实际当中，也无法在社会中形成诚信体系网，将诚信体系的作用辐射到整个社会中去。

4. 加强诚信体系建设宣传

现如今我国虽然开始有意识地建设诚信体系，但是对于诚信体系的具体实施及预防与惩戒机制宣传并不到位，这样就容易导致公民信息和政府政策的脱节。不了解自然也不会遵守，对于诚信体系建设概念的模糊容易导致政策难以施行，产生不良社会影响。

六、结论

综上所述，火车逃票行为是一项存在时间长、产生原因复杂、社会危害性大的急需寻求一种有效的民事责任承担措施来规制的违法行为。所谓“人无信则不立，业无信则不兴”，一个国家的人民如果不讲诚信，这个国家就难以繁荣发展。火车逃票行为所展现的不仅仅是此行为的失信问题，其所暴露的是整个社会道德诚信感的部分缺失，“千里之堤，毁于蚁穴”，如果忽视一个领域的问题，它的影响一定会扩散到社会各个领域。因此对火车逃票行为产生的背景及民事责任及措施分析就显得尤为重要，只有厘清其民事责任，才能做出相应的补救措施。现如今我国正在大力推行诚信体系建设，这一政策将诚信这一抽象化概念切实转化为实实在在的社会保障体系，通过相应措施的完善诚信将不再只是挂在嘴边的一句虚语。随着社会法治的发展和诚信体系的建设，逃票行为必将大幅减少，相信在社会各界和铁路系统的共同努力下，此问题在未来一定能够得到有效解决。

浅谈交通诚信与法治建设

叶郁菲*

摘　要：随着我国市场经济体制的建立，诚信与和谐社会成为了我国社会主义市场经济的本质特征。原本在民法领域的帝王条款“诚实信用原则”也进入了各个领域，成为法治建设中不可或缺的一部分。作为社会基础的交通运输领域也认识到诚信建设的重要性，开始在交通运输领域建立并完善诚信体系，做到诚信交通，诚信法治。因此本文拟从交通诚信的概念特征出发，分析我国目前交通诚信存在的问题，并在此基础之上提出完善我国交通诚信法治建设的对策。

关键词：交通诚信；法治建设；诚信体系

一、交通诚信概述

（一）法治进程中的诚信建设

诚信是诚实信用的简称，中国自古就有诚信的概念。《说文》中将诚信解释为：“诚，信也；信，诚也。”《礼记·中庸》中说：“诚者，天之道也；诚者，人之道也。”认为“诚”是自然规律的本质属性，人们应该守诚以达到合乎天道的境界。古人把诚信看作进行道德修养的方法和境界，荀子认为“君子养心莫善于诚，至诚则无它事矣，唯仁之为守，唯义之为行”，他把诚信视为道德的准则，还从政治层面解释诚信，“夫诚者，君子之所守也，而政事之本也”。可见，诚信的重要性不仅体现在个人的修养上，更是中华民族千百年来的道德标准，并且其作用更显鉴于“治国、平天下”的政治策略。

---

*作者简介：叶郁菲，北京交通大学法学院硕士研究生。

诚信贯穿于法治进程的始终，并且已经成为法治建设的重要组成部分。民法中将“诚实信用原则”奉为“帝王条款”，是民事主体从事一切民事活动的出发点。而民法中的其他原则也很大程度上是从诚实信用原则演变而来，如公平原则、禁止权力滥用原则、情势变更原则等。在行政法律中诚信原则主要体现为信赖保护。其保证的是政府的诚信和权威，维护民众对于公权力的合理信赖。①

诚信建设同样也是法治建设的发展方向。我国古典哲学中就有对“无讼”状态以及“道法自然”的追求，在法律上追求“无讼”的和谐状态，在政治生活中追求遵循规律无为而治的政治主张。这与笔者在本文中所推崇的诚信建设不谋而合，诚信建设正是主张追寻社会最微观的个体“人”，以每个人的诚信为“道”，来构建和谐社会，而非一味地动用法律等政府强制力手段。因而这种诚信建设应当发源于社会本体，从侧面影响法治进程，达到无为而治的和谐状态。

（二）交通诚信的概念

目前交通诚信的具体概念还没有明确的界定，笔者认为交通诚信的概念应有广义和狭义的区分。交通诚信的广义概念是指城市信用原则在交通领域的应用；而交通诚信的狭义概念笔者认为应当是指交通信用体系的建立。在广义概念下，交通诚信涉及交通领域的各个方面，如交通基础设施的诚信建设、交通运输诚信体系建设、交通运输行为诚信建设、交通违法诚信监督建设等。其诚信建设涉及交通行为的起始至终结，是个包罗万象的大概念。而狭义的交通诚信仅指交通运输行为的信用建设，如交通违法信用黑名单制度等。本文中笔者将交通诚信定义为广义概念来界定其可能出现的法律问题及对策。

（三）交通诚信的内容

1. 交通诚信涉及的主体

笔者认为交通诚信涉及的主体大致可以分成三类：第一类主体是指交通行为的市场主体，即交通领域的经营者，如出租车公司、公交公司、中国铁路总公司等；第二类主体是指交通运输的消费主体，即个人消费者、法人消费者等；第三类主体是指交通运输领域的监管主体，即政府。这三类主体构成了交通诚信建设的主体要件，要探

①陈力铭：《法治进程中的诚信建设》，载求是理论网，2016 年 11 月 27 日发布，http：//www. qstheory. cn/ wh/jsshzyhxjztx/201206/t20120616_164339. htm。

讨如何建设交通诚信笔者认为应当从这三类主体上着眼观察。

2. 交通诚信涉及的客体

交通诚信涉及的客体在现实生活中体现众多，无法穷尽。因此笔者将交通行为划分成三大阶段以便描述。笔者认为交通行为按其进入市场的时间可以划分为：进入市场前行为的阶段（前期），该阶段主要涉及交通基础设施的建设、交通基本法律法规的制定等；进入市场的阶段（中期），该阶段主要涉及交通运输的运营和消费者；进入市场之后的阶段（后期），该阶段主要涉及的是运营交通行为的监管。

由此，综合交通领域三大主体，于交通诚信涉及的三大客体阶段内，我们可以将整个交通诚信建设分成经纬交织的九大模块来构建交通诚信体系（见表1）。

表1　交通诚信建设九大模块

主体/阶段	第一阶段（前期）	第二阶段（中期）	第三阶段（后期）
监管主体	模块七	模块八	模块九
消费主体	模块四	模块五	模块六
运营主体	模块一	模块二	模块三

（四）交通诚信建设的基本原则

为了在交通工程建设、交通行政执法和运输服务领域基本建立与交通行业发展相适应、符合社会信用体系建设总体要求的交通信用体系基本构架和运行机制，交通信用信息与社会信用信息平台基本实现互联共享；交通行业信用制度更加完善，信用管理更加科学规范；全行业诚信意识、交通部门公信力、交通从业单位信用度明显提高，交通诚信环境明显优化，我国在交通诚信建设中应当遵循下列交通诚信基本原则。

1. 科学规划，分步实施

按照诚信建设的总体部署，结合各地实际，切实把建设交通信用体系纳入地方交通总体发展规划。根据公路、航道、运管、地方海事、港口等不同门类，科学论证、系统规划，分类指导、分步实施。

2. 部门引导，市场运作

发挥全市交通主管部门的规划制订、资源整合、需求引导、政策支持、联动监管和信息服务等作用，发挥交通政务诚信的率先示范效应。注重发挥市场机制的基础性作用，促进各类信用产品在交通建设、运输市场的开发与运用。

3. 健全制度，完善机制

积极推进交通信用规章制度的建设，建立健全信用监管机制，明确监管职责，依法规范信用服务行为和交通市场秩序，保护当事人的合法权益。发挥法律规范、行政管理、经济调节和道德约束的综合作用，建立长效机制，形成整体效能。

4. 资源共享，形成合力

交通行业内部各不同门类之间加大信用信息资源的整合力度，实现信用信息共享，将交通信用信息纳入省市社会信用信息平台，加强与其他管理部门的信息共享。①

二、交通诚信存在的问题

针对我国交通诚信所存在的问题，笔者将根据前文中所指出的 9 大模块来进行重点的分析。

（一）第一阶段（进入市场前期）我国所存在的主要问题

1. 交通基础设施建设主体欠缺诚信，存在一系列违约非法行为

交通基础设施建设主体主要包括施工方和监理方，根据我国现状，两方主体都存在一定程度上的失信行为。施工企业的诚信缺失主要表现为：①采取不正当手段谋取中标。主要体现在不计成本低价标，靠贿赂、围标、串标等手段中标，靠中介中标，用虚假材料、骗取中标等。其中不计成本低价抢标，已成为施工企业诚信缺失的突出问题。②不履行投标时的承诺。施工企业普遍存在不履行投标时对人员、设备、资金承诺的现象，其人员到位率、设备到位率、资金到位率都未能完全兑现，直接危及工程质量和进度，这是施工企业诚信缺失长期存在的问题。

监理单位的诚信缺失主要表现在：①不严格履行合同。主要体现在不履行投标时对人员、试验仪器设备、交通工具、测量设备的承诺。如浙江杭浦高速公路的建设项目中监理人员平均更换率为 64.2%，资格下降率为 8.6%；浙江申苏浙皖高速公路 4 个监理合同段中，监理单位已更换正驻地监理工程师 3 人次（其中 1 人因死亡更换），更换副驻地监理工程师 2 人次，更换专业监理工程师 7 人次，更换监理员 25 人次，人员更换率达到了 30%。②违法违规操作。如向其他单位借用企业资质、人员资质

---

①《关于进一步深化诚信交通建设的实施意见》，载盐城交通运输局网站，2016 年 11 月 27 日发布，http://www.ycjtj.gov.cn/nzcms_show_news.asp?id=7045。

或出借企业的资质、人员资质，将监理业务进行非法转包，提供虚假材料，骗取中标，靠贿赂等不正当手段中标或靠中介中标等。①

2. 审核预防法律法规不完善

如前文笔者所列举的，各种问题广泛存在，而反观我国现行的法律法规的规范，却大大落后于现实。以上各个问题显示出交通工程建设的各个环节都存在着相关法律法规的漏洞。而这些问题之所以尚未得到解决，法律规范的不足正是原因之一，也是执法不力的源头所在，因此研究我国现行法律法规存在的不足，是很有必要的。

目前，我国有关交通工程建设的法律法规，整体上呈现出数量多、结构杂、规范旧的特点。部分法律针对性有待商榷。在有关交通工程造价监督的问题上，国家交通行业部门却没有系统的规定，而交通工程造价的监督问题往往会存在官员腐败、工程质量瑕疵等问题，法律法规的设计存在漏洞和缺陷。首先，一些问题缺乏统一的标准。其次，缺乏统一的现场安全检查的评判标准、违法违规行为的处罚细则、安全执法行为规范等，这也使安全监管工作难以得到有效开展。最后，法律法规运行状况有待规范。②

（二）第二阶段（进入市场中期）我国所存在的主要问题

在这一阶段我国交通诚信主要存在的问题集中于运营者与交通行为的消费者之间。其表现于关系群众切身利益、老百姓最关注的交通行业问题，如交通运营者存在倒客甩客、违价、拒载、无证经营等不规范经营行为等交通失信行为。③

交通行为的消费者在这一阶段同样存在大量的不诚信行为如公交、高铁逃票④行为，交通运输非法行为如超载、超速、交通事故逃逸等。可以说小到一两元钱的公交票，大到交通肇事逃逸这样的失信行为屡见不鲜。如何在社会中树立正确的交通诚信价值观，如何规范交通运输行为成为我国在该阶段建设诚信交通的重点。

（三）第三阶段（进入市场后期）我国所存在的主要问题

在该阶段笔者认为我国存在的主要问题在于监管者诚信监督体系的缺失。如果说前两个阶段是诚信交通的感应和发生机制，那么第三阶段则可以称为诚信交通的底

①廉秋子：《我国交通工程建设中的法律问题与对策》，载《法制与经济旬刊》2010年第8期。
②申守义：《我国交通工程建设中的法律问题与对策》，载《活力》2015年第3期。
③陈界融：《客运合同中交通事故若干法律问题解析》，载《法学家》2005年第4期。
④孔曦：《逃票与诚信》，载《东方剑》2009年第6期。

线。第三阶段作为整个交通流程的最后阶段，其任务应着重于失信行为的惩戒，让该阶段作为交通失信行为的最后一道防线。

但目前来看我国对于该阶段的制度建设还不够完善。目前只有很少一部分省市建立了交通失信黑名单体系，来对交通领域内的失信行为进行惩戒。诚信行为虽然缘起于道德现象，但是当其失信违反法律法规时，就有必要建立起失信惩戒机制，俗话说“没有后果的义务等于没有义务”，因而加强失信惩戒在该阶段的诚信交通建设中显得尤为重要。

三、完善我国交通诚信法治建设的对策

（一）依法构建诚信法律制度

如果说诚信是软法，那么法律制度就是硬法。两者应当兼而有之，针对目前我国交通诚信领域的现状我们应做好两个方面的工作：一是依法构建诚信。国家关于交通建设的法律法规是较完善的，加强交通建设从业单位诚信体系建设，就要依据这些法律法规对各种建设行为进行严格的规范。规范前期工作的有《中华人民共和国公路法》《中华人民共和国土地管理法》《交通建设项目环境保护管理办法》等法规，规范建设市场的有《中华人民共和国招标投标法》《公路建设市场管理办法》等法规，规范质量、安全的有《建设工程质量管理条例》《建设工程安全生产管理条例》等法规，规范工程建设资金的有《中华人民共和国审计法》《中华人民共和国会计法》《交通基本建设资金监督管理办法》等法规，规范监督监察的有《关于在交通基础设施建设中推行廉政合同的通知》等法规。现行法律法规已经覆盖了所有建设行为，重要的是真正做到有法必依、执法必严、违法必究。二是用制度构建诚信。在认真贯彻执行上述法律法规的同时建立健全管理制度，加强监管，使工程处于优质、有序、可控状态。制度完善了，漏洞堵塞了，投机取巧者就无从下手，无信单位就会被迫退出建设市场；诚信单位才能扬眉吐气，诚实守信才能蔚然成风，诚信损失与缺失的负面影响才能从根本上减少。

笔者认为可以仿效吉林省的做法。吉林省制定了《吉林省高速公路建设项目工程质量管理考评奖惩实施细则》和《吉林省高速公路建设项目监理实施细则》，用以取代“优质优价、优监优酬”奖励办法，旨在加强诚信履约考核，奖励优质工程；建立完善招标代理市场，改委托招标为通过招标选择招标中介机构，在源头上保证招

标的公开、公平、公正；采用有限低价评标法，避免人为因素的干扰；招标中实行严格的资格审查和资格后审制度，严格诚信履约考核。在用制度构建诚信方面进行了积极的探讨。①

（二）监管主体政府要带头树立诚信

构建诚信社会，必须首先建设诚信政府，这取决于政府的行政地位和服务宗旨；构建交通建设诚信体系，项目法人必须带头树立诚信，这取决于项目法人在各从业单位中的特殊地位，即代表政府行使职责权力。项目法人既是制度的制定者，更是制度的执行者。

以高度的诚信取信于民，要重点解决好两个问题：一是进一步明确政府职责。诚信是以责任为基础的，有权力必然有责任，履职尽责才能树立诚信，做到权、责、信统一。现在交通基础设施项目的勘测、初步设计、施工图设计审查工作由别的部门负责，而建设项目的质量和工期进度最终由高等级公路建设管理局负责，这既不符合项目法人责任制的要求，又不利于交通诚信建设。二是以科学发展观指导项目筹划和实施的各项工作：选择具有优良资质的勘设单位对项目进行科学设计，并组织专家认真审查设计，深化和完善设计；依法公开、公平、公正地组织建设项目招投标；及时提供设计施工文件和建设用地；带头履行施工合同、监理合同、廉正合同规定的职责；加强建设资金的筹集、使用、监管；在项目实施中贯彻安全、耐久、环保、节约、和谐新理念；采取有效措施实现安全、质量、工期、廉正目标。努力营造和谐诚信、互助互利的项目运行机制，成为全体从业单位诚信履约的表率。

（三）建设市场诚信监督体系

探讨由信用评价公司承担信用评价工作的做法。这种公司宜由民间投资者联合出资组建，独立、公正、客观地以第三者的身份为公路建设项目提供信用产品或信用服务。这种做法在国际上不乏成功的案例。信用评价、认证工作正在成为一种新的社会职业，信用评价公司、信用调查公司不断增多。交通信用评价机制，不应局限于本系统之内，宜拓宽视野，创新机制，大胆地借鉴尝试，引导中介机构进入交通信用评价市场。激活这一市场，在实践中不断总结经验，逐步完善。建立交通诚信黑名单制

① 连世武：《城市道路交通管理法律问题研究》，内蒙古大学2013年硕士学位论文。

度[①]等交通诚信惩戒措施，使“交通信用体系”除了要和个人信用挂钩，还应该从个人层面上升到整个社会，学员肇事率和驾校的信用应该挂钩，货运司机违章和所在企业的信用挂钩，重大事故和其地方官员的信用挂钩，[②] 从而使交通信用体系在保障公共安全提升文明素质上做到有信、有力。

（四）开展诚信主题宣传教育实践活动，加强公民交通诚信观念

要以《交通行业文明公约》《公民道德建设实施纲要》为主要内容，弘扬信用文化，教育全体干部职工树立诚信为本、操守为重的思想，树立正确的世界观、人生观和价值观。各级交通部门可以在组织职工岗位培训、继续教育中，开设信用管理专题讲座，普及信用知识。交通主管部门可以结合工作实际，编印“诚信交通”宣传手册等及时发放，精心组织设计好教育载体，以丰富多彩的教育实践活动，增强交通干部职工的诚信意识。同时也要组织社区、居委会、学校等公益性事业机构广泛开展交通诚信宣传工作，让广大公民得以了解交通诚信、学习诚信交通。[③]

---

①《交通部门将推行“黑名单制”治理腐败现象》，载《重庆社科文汇》2001 年第 4 期。

②南辰：《让诚信档案护航公共交通安全》，载《瞭望》2014 年第 27 期。

③《交通运输信用体系建设工作推进会召开，杨传堂强调：统筹谋划精准发力加快推进交通运输信用体系建设》，载中华人民共和国交通运输部网站，2016 年 11 月 27 日发布，http：//www. moc. gov. cn/credit/gongzuodongtai/201605/t20160510_2025782. html。

交通运输安全生产问题法律研究

郑月华*

摘　要：党的十八大报告对诚信建设提出了具体要求，指出要加强政务诚信、商务诚信、社会诚信和司法诚信建设；将交通安全违法记录纳入信用体系，对于规范社会生活、降低公共生活成本、提高公民公共素养乃至构建和谐的法治社会都具有积极的推动作用。国务院和交通运输部发布了一系列相关的重要指导文件和要求，大力推进交通运输行业信用体系建设，其中交通运输安全生产领域作为其中的重点领域得到了高度重视。2015 年 5 月 15 日政策研究室发布的《交通运输部关于加强交通运输行业信用体系建设的若干意见》中明确指出：围绕工程建设和运输服务重点部位、关键岗位，将安全生产与企业信誉、优惠政策、行政许可、市场准入、资质审核、工程招标投标挂钩，作为重要内容纳入企业安全生产诚信评价体系。已有一些学者在诚信体系及交通运输安全生产诚信体系等方面率先进行了研究。积极贯彻落实“平安交通”的发展理念，提升我国各级交通主管部门安全生产管控能力，促进企业提高安全生产管理水平，防范和减少交通运输安全生产事故的发生，积极开展交通运输安全诚信体系研究是非常必要和迫切的。

关键词：交通运输安全；诚实守信；影响因素；规制体系

一、我国道路运输安全规制变迁历程

纵观我国道路运输安全管理的发展历程，大致经历了严格规制、放松规制与整

---

*作者简介：郑月华，北京交通大学法学院硕士研究生。

顿、规制再放松三个阶段。①

（一）中华人民共和国成立初的整顿改造与建设发展——严格规制

中华人民共和国成立之后的30年，我国总体上处于计划经济体制之下，道路运输职能由政府设立的道路运输企业来承担，整个道路运输流程由国家实行“统一货源、统一调度、统一结算、统一价格”等统一经济管理方式，实际负责操作的道路运输企业是没有任何自主权的。但是由于政府没有设立独立的安全管理机构，道路运输安全由道路运输企业内设安全监管小组负责。

这一时期的道路运输安全管理与现代意义上的道路运输安全管理存在很大的差异，由于当时运输活动主体性质单一，运输市场并未形成，道路运输安全管理部门的工作十分具体，管理方式也采取直接管理。

（二）改革开放后的道路运输安全管理——规制的放松与整顿

改革开放使我国国民经济得到了迅速的恢复和发展。由于上个时期的严格规制造成了道路运输的供求严重不平衡，道路运输动力短缺，因此，道路运输业的发展问题成了我国经济发展的首要问题。1979年，我国对国有企业实行放权让利，道路运输安全管理由此进入了放松规制阶段。这一时期，政府对之前的道路运输体制进行了改革，开放了运输市场，更提出“三个一起干、三个一起上”的原则，即在道路运输活动中放开了对各部门、各行业、各地区的限制，也对国营、集体、个人以及其他各种交通工具予以开放。这些政策极大地提高了各行各业的积极性，形成了我国多元化的道路运输市场。

多元化道路运输市场的形成，在极大地推动了我国道路运输事业发展的同时，也带来了一些安全外部性问题。我国政府对之前放任式发展效果持怀疑态度，认为放松规制带来的安全外部性副作用远大于其对于经济增长的积极影响。因而，政府设立了独立的道路运输管理机构，对道路运输安全进行整顿管理。

规制整顿时期所运用的规制思想仍旧是计划经济时代的货物源管理理念，这种已经老化的运输管理方式明显已经不能满足蓬勃发展的道路运输业发展需求，因而没能从根本上解决道路运输安全规制外部性问题。但这一阶段的整顿调整了我国道路运输市场的秩序和结构，淘汰了一部分安全生产不达标、跟不上时代发展的企业，为之后

①杨修文：《基于外部性理论的道路运输安全规制问题研究》，华南理工大学2014年硕士学位论文。

的道路运输安全管理奠定了基础。

（三）与市场经济体制相适应的道路运输管理——规制再放松

随着运输市场的进一步放开，我国道路运输安全管理逐步与国际接轨，开始施行规制再放松政策。与之前规制放松不同的是，这一时期的规制放松并不像以前那样单一开放经济市场，而是渐进式地对残存的过去计划经济体制下不合时宜的严格规制的放松，同时对道路运输市场准入等保持较为严格的规定。这一时期最显著的标志就是2004年国务院颁布实施的《中华人民共和国道路运输条例》，以行政法规的形式对道路运输管理机构的建设和相关管理职能进行了立法规范。

这一时期，我国道路运输管理体制已基本成形，形成了中央、省、市、县四级道路运输安全管理体制。道路运输安全管理机构在道路运输安全管理工作中作用显著，在应急保障运输、稳定行业发展、促进运输安全等领域作用也逐渐增强。

总体来说，我国道路运输起步晚，对道路运输安全的重视更是近几年才开始。由于一段时间内存在与当时计划经济高度集权体制相适应的特殊性，并不能完全地从市场经济的角度去分析问题。但不可否认的是，政府在改革的同时承担着改革失败的责任。因此，无论在什么情况下，规制的变迁都是对不合时宜的规制做出的反应。

二、交通运输安全生产影响因素分析①

（一）整体因素分析

交通运输企业综合管理主要包括安全管理机构、人员及生产管理责任等方面的内容。根据《国务院安全生产委员会关于加强企业安全生产诚信体系建设的指导意见》《中华人民共和国安全生产法》等法规，各企业要设置与本单位安全生产工作相适应的管理机构，配备安全生产专职管理人员；制定完善以安全生产目标与责任、安全生产基础保障、安全生产责任制度、安全生产操作规程、安全生产内部检查与监督等为主要内容的各项规章制度及其落实措施；积极采取新技术、新工艺、新设备，不断改善生产条件，切实落实安全生产防范措施，提高安全生产管理水平；建立安全承诺制度等。交通运输企业安全管理评估系统应该根据这些因素来设计评价指标，如安全生产承诺制度、安全生产责任制度、安全生产考核管理、安全投入评估等指标。

①于晓辉：《交通运输安全生产诚信评估体系研究》，载《交通企业管理》2015年第11期。

（二）人员管理因素分析

在交通运输企业的运输生产系统中，“人”主要包括驾驶员、机器（车、船、飞机等）检修人员和企业管理人员，其中，企业管理人员是企业行使管理职能的主体，因而将其纳入企业安全综合管理进行分析。这里所指的“人”，只是指与企业运输生产安全有关的生产作业人员（驾驶员和检修人员）。在这方面，交通运输企业安全管理评估系统应该根据这些因素来设计评价指标，如教育安全培训、安全驾驶管理、职业安全健康管理等指标。

（三）机器操作管理因素分析

对于交通运输企业来说，对机器管理因素进行分析就是要系统地评价运输企业的设备、设施、工具等方面存在的危险因素和目前安全状态。在这方面，交通运输企业安全管理评估系统应该根据这些因素来设计评价指标，如危险源和隐患管理、应急管理、交通事故管理等指标。

（四）生产环境因素分析

综合管理、作业人员管理、机器管理 3 项因素是交通运输企业安全管理评价的最基本的因素，但是环境安全与否也会直接影响交通运输企业的安全生产状况。交通运输企业安全管理评价过程也是对危险有害因素的识别过程。设计交通运输企业安全生产环境条件方面的评价指标，有利于交通运输企业准确、全面地认识运输生产的安全状况和存在的危险有害因素，以便制定预防交通运输事故的对策措施。

三、道路交通安全生产规则体系的问题

（一）道路运输安全规制法律体系不健全

道路运输安全规制的法律法规体系存在的问题主要表现为法律法规内容制定不完善，包括：①道路运输安全涉及交通安全、环境安全等诸多方面，然而目前适用的道路运输安全管理专门条例仅有《中华人民共和国交通安全法》及其实施细则，对于环境安全规制则参照《中华人民共和国环境保护法》等单独的环境保护法律施行，道路运输安全法律保障不完整；②相关法律法规线条过于粗化，实施细则不完整，且多为单行条例，法律效力低，不利于道路运输安全规制实践；③道路运输安全规制相关法律法规只是明令禁止了破坏道路运输安全的行为，并没有对违反者的处罚做出规定，行政机关的裁量权过大，容易被利益相关者俘虏；④道路运输安全规制及立法

滞后。

（二）道路运输市场准入与退出制度实施不严格

道路运输市场准入制度问题主要表现为重许可、轻监管。层级化的审批过程烦琐，审批周期长，过细的行政审批一定程度上影响了道路运输市场的正常秩序，约束了道路运输营运企业行为。由于道路运输行业涉及异地审批，审批过程中不乏地域封锁、地区保护主义现象存在。道路运输管理机关工作人员利用“行政许可”寻租，却对被许可人的审查流于形式，背离了道路运输市场准入初衷。

道路运输市场退出制度问题主要表现为重事前，轻事中、事后。道路运输市场的退出制度是指已获得道路运输经营许可的经营者或车辆由于经营过程中严重违法或自然损耗等其他原因，不再符合道路运输安全生产条件而主动或责令强制其丧失道路运输经营许可的一系列要求。由于监管不力、执法不严，许多本应退出道路运输市场的经营者或营运车辆依然从事道路运输经营活动，造成重大安全隐患。

（三）道路运输安全规制技术监督不完善

道路运输安全规制技术监督不完善表现为安全标准方面的问题以及安全规制信息化建设方面的问题。近年来，随着国家对道路运输安全的重视，道路运输安全规制与信息化相结合也越来越密切，但与发达国家相比较仍有较大差距。目前我国道路运输安全信息化系统作用定位不明确，项目投入及资金投入不足，道路运输安全规制信息化支持度低，主要表现在以下几个方面：①资金投入保障不足，来源单一。相比铁路、民航以及行业内公路管理其他业务领域，道路运输管理信息化建设资金投入水平严重不足。同时，信息化建设中软件投入远低于硬件和网络建设投入，低于国际30%~50%正常标准；对硬件设备和网络资源的重复利用率低，动辄对设备改造升级，忽略了实际的需求。此外，由于2009年全国实行税费改革，取消运管费征收，道路运输管理信息化建设和维护资金渠道并不明确。②信息化标准建设尚不完善，信息的有效采集、交换与共享能力明显不足，信息处理水平低。目前我国道路运输管理信息化建设方面，国家行业层面的标准规范仍需补充，同时大部分省（市）运管部门对于相关标准的贯彻和执行力度不够，缺乏对地区性标准规范的总结和完善，导致资源的整合、交换和共享效率不高。③信息化建设成果应用于道路运输规制实践尚未普及。经过多年的信息化建设，道路运输行业已积累了大量的信息资源，但大多还处于分散、孤立、沉睡的状态，亟待加以整合利用。

四、道路交通安全生产体系建设的建议

（一）构建道路运输安全规制体系，强化管理和执法手段

政府应该通过完善法律、法规的方式来界定、明确道路运输经营企业的产权。明确的产权不仅能够保证投资者的合法权益，激励他们对于企业声誉与信誉的关注，更加注重可持续发展，还能够规避道路运输安全领域的“投机行为”，这是完善道路运输安全管理机制的基础。

（二）健全完善道路运输企业经营机制，强化安全生产主体责任①

首先，要推行把驾驶员的个人收入与单车经营效益分离开来，建立安全与企业生存发展相结合、安全与企业管理人员切身利益相结合、安全与驾驶员收入相结合的“一分离三结合”的激励约束制度。其次，要严格把关市场准入制度和退出制度，将安全生产作为道路运输市场准入和市场退出的核心内容和重要标准，从根本上解决经营者搞好安全管理的动力和压力问题。

（三）强化道路运输安全监控手段，落实安全监管主体责任

强化道路运输安全监管，应该主要从健全安全评价体系及加强科技创新两个方面入手。健全安全评价体系，一方面要建立以人、车、道路、管理为主要指标的安全评价体系，全面开展道路运输安全生产状况评估，加强分类指导和重点监督，规范安全生产行为。另一方面要建立道路运输企业安全生产管理档案，实施运输企业安全生产动态考核办法，强化企业动态监管。加强科技创新，一方面要整合内部资源，充分利用互联网技术，建立全国统一模式的道路运输管理对象、监管内容、交通事故统计、违章行为通告、质量信誉考核等道路运输安全管理信息库，实现交通内部全国联网管理。要从设计和生产环节入手，提升车辆安全运行能力和安全运行监管技术水平，如车辆的阻燃性、车辆的制动、车辆超限超载控制、超时超速驾驶控制等。强化道路运输安全监控手段，要充分发挥社会主体的作用，引进企业资金、科研机构及高校人才等开展道路运输安全理论与技术研究，提高道路运输安全监管水平。

（四）完善道路运输安全责任追究机制，充分发挥第三方主体监督作用

道路运输企业总是期望以更少的安全投入获取更大的经济利润，他们在对道路运

---

①张宇、陈宗伟、张青松：《平安交通评价指标体系构建》，载《交通标准化》2015 年第 6 期。

输产品进行供给时，总是会有投机主义倾向，因而政府在对道路运输安全规制时，必须加大道路运输安全违法责任，对于违法企业的处罚不能仅仅停留在罚款等行政处罚层次，而要上升到取消从业资格、追究刑事责任的层面。一旦道路运输经营者的违法成本增加，意识到冒险违法经营所获得的利润期望值低于合法经营利润期望值，他们将倾向于以更高的安全投入获得稳定的利润。

交通运输安全生产工作，事关人民群众生命财产安全，事关经济发展和社会稳定。随着我国经济社会的发展，对交通运输安全工作提出了新的更高要求。推进交通运输安全体系建设，是贯彻落实党中央国务院关于安全工作部署的重要举措，是建设“平安交通”的客观要求，是依法加强交通运输安全生产和监督管理、提高安全发展水平的必然选择。交通运输系统必须立足现实、着眼长远，构建科学完善的交通运输安全体系，为我国经济社会健康发展和人民群众安全便捷出行提供可靠的交通运输安全保障。

交通运输行业中的企业诚信建设

张文丽*

摘　要：国家信用体系建设正处于不断发展与完善中，为贯彻落实党中央精神，加强交通运输行业信用体系建设，推动交通运输科学发展，提高企业诚信是交通运输信用体系建设的重点，应完善企业信用评价体系，全面提升行业诚信意识。

关键词：信用体系；企业诚信；评价监管

一、推进企业诚信体系建设的必要性

诚信，是社会主义核心价值观的重要内容，是公民基本道德规范，是社会主义市场经济的基础。党中央、国务院高度重视诚信建设，“诚信交通”则可以进一步深化交通运输行业核心价值体系建设，提升全行业诚信意识和服务软实力，规范交通运输行业市场秩序，提高交通运输行业企业核心竞争力，服务现代化交通运输业持续健康发展。

2015 年，交通运输部印发了《关于加强交通运输行业信用体系建设的若干意见》。该意见主要明确了行业信用体系建设的重点领域、主要任务和实施步骤，确定了行业实行 5 级信用评价制度和相应的奖惩机制，可以说是加强行业信用体系建设顶层设计的重要文件。

如今，加强诚信建设已基本成为全社会的共识。大部制改革以来，现代交通运输业正由传统产业积极向现代服务业转型，而在这个转型升级的关键时期，交通运输业的诚信经营问题也受到行业内外的普遍关注。交通运输行业是一个劳动密集的行业，

---

* 作者简介：张文丽，北京交通大学法学院硕士研究生。

同时又是一个直接面向社会大众的“窗口”行业。对于交通运输行业来说，诚信缺失，就会导致运输市场秩序混乱，使倒客、卖客、垄断货源、欺行霸市、搞不正当竞争等损害消费者权益的违章违法行为猖獗，就会导致交易成本增大，陷入经济纠纷，使交通运输消费群体缩减和市场占有率降低，在激烈的市场竞争中败下阵来；就会扭曲交通运输行业形象，直接影响社会效益，制约运输业健康有序发展。

因此，加强交通运输行业企业诚信建设不仅是贯彻落实党的十八大精神，推进行业精神文明建设的需要，同时可以规范行业发展，大幅度降低执法管理成本，使从业者重视维护自身的信誉，依法诚信经营，促进运输业的整体发展。

二、重点领域中企业存在的问题

（一）工程建设领域

对交通运输工程项目招标投标、勘察设计、施工、监理、运营和养护，以及产品设备供应等关键环节的企业还是存在不少问题的，如在招标投标环节存在以下问题：①部分招标代理机构编制的招标文件质量差、不规范、没有针对性，机械地照抄范本；评标办法不科学、不具体，可操作性差；工程量清单不细致，材料设备标准界定不准确。②排斥潜在投标人问题较为严重，部分招标代理机构受招标人控制，工作无原则；在编制招标文件、进行资格预审、制定评标方法、招标报名等方面，按照招标人的意愿，为个别投标人量身设定条件，排斥潜在投标人。③陪标、围标、挂靠投标问题比较严重，招标代理机构不能及时发现和制止围标和陪标行为，甚至与招标人和投标人串通违规，行为恶劣。④招标评标与后期施工管理脱节，中标单位缺乏诚信，恶意低价投标，中标后企图设计变更增加造价；中标后转包，更换项目经理管理班组问题较为突出。⑤合理低价法配套评标办法不完善，低价中标引发的质量、安全问题应引起大家的高度重视。[①]

目前在工程建设领域，工程项目的质量方面也总是出现安全隐患，可以看出在对企业的资质审批上还是存在着一定的缺陷，在工程建设中，企业违法分包转包、拖欠工程款和农民工资等问题也是屡见不鲜。

---

①赵月静：《浅谈交通工程招投标中存在的问题及对策》，载《城市建设理论研究（电子版）》2013年第18期。

（二）运输服务领域

运输服务领域包括旅客运输、货物运输、运输站场、运输工具检验与维修、驾驶员培训以及相关服务机构等重点方向，而在其诚信体系建设过程中出现了监管不力、企业自身诚信意识差、在发展过程中不诚信经营等问题。企业的服务质量现状主要体现在：①运输企业忽视行车安全问题，还存在司机驾驶经验不足或者企业自身管理不严导致行车过程中违反规定出现交通事故等问题。②服务质量差，运输企业中存在职工的服务态度差、不认真，配套设施可能还不健全，整个行业的服务意识存在不足等问题。③企业形象不佳，企业忽视企业形象建设，还存在企业秩序混乱、企业从业人员信息整理制度不健全等问题。

（三）安全生产领域

安全生产不仅关系一个企业长期健康、稳步、持续的发展，也关系人民群众生命财产安全和社会稳定。因此在市场经济建设的今天，安全生产显得十分重要。交通运输是安全生产的重要行业，但其面临的安全生产形势依然不容乐观。

目前在安全生产领域主要存在以下问题：①安全生产红线意识淡薄。一些单位和企业还没有从思想根源上彻底树立“红线”就是“生命线”的意识，抓安全生产停留在口头上，没有落实到行动上。②企业安全生产主体责任落实不到位。目前，很多交通运输企业中，安全管理责任落实不到位现象屡见不鲜。一些企业重效益、轻安全，安全生产责任分解不实，安全管理制度流于形式，应付检查和做表面文章现象严重；安全技术装备落后，现场管理不到位，部分企业负责人及其从业人员教育培训不到位。③安全隐患排查整治不彻底。一些企业对安全隐患的排查治理工作始终没有引起高度重视，不主动作为、不注重细节、不彻底排查、不加大投入、不服从监管，把行业管理部门指出的问题和隐患完全不当回事，最后造成小隐患变成大隐患，大隐患就可能酿成大事故。

（四）企业管理领域

随着交通运输行业的飞速发展，道路交通运输企业在运营过程中存在的安全隐患问题日益突出。尽管有些企业已经开展企业诚信承诺活动，在生产经营、财务管理和劳动用工管理等各环节强化信用自律，但是目前企业管理领域仍存在较大问题。主要体现在：①企业人员对安全工作认知情况存在不足，企业领导人一味地追求经济效益，对安全工作的认识侧重于降低安全风险经济损失的事后补救层面，缺少事前预防机制，安全生产日常管理工作得不到真正重视。②安全生产投入不足，企业对于安全生产投入中的安全专项资金投入低，安全生产奖励、安全生产活动难以开展，就难以建立良好的、可持续性的激励机制，不利于调动从业人员在安全生产工作中的积极性、主动性，不利于安全生产管理工作的进行。③承包经营的安全生产管理不规范，存在较大安全隐患，一些经营者向企业承包道路交通运输车辆，从事旅客运输经营活动。由于企业缺少相应的制度来对承包经营者的生产行为进行严格规范，因此许多经营者为求经济利益，不顾企业安全生产规章制度和各项安全管理规定，导致了超速、超载、超员、违规上下客等危害极大的不安全行为。④安全生产管理规章制度落实情况不到位，对驾驶员任聘把关不严，安全教育“走过场”，虽然有良好的安全教育培训制度，但在实施过程中流于形式。[①]

三、对于企业诚信建设的建议

（一）强化企业诚信管理制度建设

开展各行业企业诚信承诺活动，加大诚信企业示范宣传和典型失信案件曝光力度，引导企业增强社会责任感，在生产经营、财务管理和劳动用工管理等各环节中强化信用自律，改善商务信用生态环境。鼓励企业建立客户档案，开展客户诚信评价，将客户诚信交易记录纳入应收账款管理、信用销售授信额度计量，建立科学的企业信用管理流程，防范信用风险，提升企业综合竞争力。强化企业在发债、借款、担保等债权债务信用交易及生产经营活动中诚信履约。鼓励和支持有条件的企业设立信用管理师。鼓励企业建立内部职工诚信考核与评价制度。加强供水、供电、供热、供气、电信、铁路、航空等关系人民群众日常生活行业企业的自身信用建设。

（二）完善信用制度标准体系

无论是对企业、政府还是个人，加强信用制度建设都是一个必不可少的环节，其中信用制度标准体系建设可满足市场主体对客观、公正、真实信用信息的需求。

一方面，要加强行业信用制度建设，及时将较为成熟的信用记录、档案、评价、监督、奖惩、应用等机制及信用信息采集、共享、公开、管理等制度写入相应的法规规章，逐步完善交通运输行业信用体系建设制度。另一方面，加强行业信用标准建

---

①张少伟：《浅析道路交通运输企业管理问题》，载《中小企业管理与科技》2015年第35期。

设，推动工程建设、运输服务等领域信用信息系统相关标准规范的制度修订，建立对企业统一规范的信用信息采集和分类管理标准，对各方主体的基本信息、不良行为记录信息等内容做出统一规定，完善管理制度，保证信用信息的客观、真实、准确。

（三）完善信用评价监管制度

完善信用评价制度，应结合行业特点，分领域制定信用评价办法及评价标准，对信用评价的指标体系、评价方法、评价程序以及动态管理等做出明确规定，发挥行业学会协会等中介组织作用，引导和规范第三方机构参与信用评价。

通过行业监督，监管交通运输行业企业不诚信行为，依法严格惩戒企业的违法违规活动，建立黑名单制度和市场退出机制，对产生重大失信行为、造成严重后果的企业和个人，记入黑名单，明确追溯时限，在限制其一定的期限内乃至长期进入交通运输相关领域从事生产经营活动。并且要加强市场性和行业性的约束惩戒，完善失信信息记录和披露制度，对失信者实行警告、通报等惩戒措施。同时也要进一步完善社会舆论监督机制，发挥群众评议讨论、批评报道等作用，通过社会道德谴责，约束失信行为。

（四）加强信用“大数据”建设

以建设交通运输行业企业信用监管平台为基础，加强“信用中国”建设为手段，着力加强信用“大数据”建设。在全国范围内形成以信息归集共享为基础，通过信息共享和信用信息的统一归集，进一步完善企业信用信息共享平台建设，通过“企业信用大数据”建设，解决好企业信用信息互联共享的问题。

军人交通出行优待政策的思考

徐金旭*

摘　要： 我国历来都讲究“拥军爱军”，不论是国家还是地方都制定了军人抚恤优待政策。然而，这些政策在具体实施过程中却存在诸多不合理的现象。出现这些问题的原因是多方面的，不仅需要国家继续完善相应政策法规，更需要军地密切沟通配合，坚决贯彻实施相关政策，切实保障好军人合法权益。军人优待，看似为一件小事，实则关系国防建设的根本。本文就从军人优待中的交通出行优待这一部分来探讨军人优待中所存在的一些问题。

关键词： 军人；交通优待；沟通配合；监督

军人优待是《军人抚恤优待条例》的一项重要内容，也是军人享有的一项合法权益。应该说，军人优待落实得好，能增强部队官兵的荣誉感，鼓励他们安心军营；落实得不好，则会在一定程度上挫伤官兵的感情和工作积极性，产生一些不良影响。我国素来有拥军爱军的优良传统，但随着和平日久，社会上出现了一些反对军人优待的不和谐的声音，反映到现实中，便出现了一些军人优待政策难以落实到位的现象。军人，对国家的国防是至关重要的，绝不能等到战争发生的时候才想起军人。事实上，有关军人优待政策的落实，只要合力解难便难事不难。本文就从军人交通出行优待政策的落实情况，探讨军人优待存在的一些问题，并提出一些改进建议。

一、国家政策

我国现行的《军人抚恤优待条例》是中华人民共和国国务院、中央军事委员会

---

* 作者简介：徐金旭，北京交通大学法学院硕士研究生。

颁布的条令，自2004年10月1日起施行。2011年7月29日，国务院、中央军事委员会发布修改决定，修改稿2011年8月1日起施行。该条例从死亡抚恤、残疾抚恤、优待等几个方面，详细规定了军人享有的合法权益。其中，第4章第34条规定："现役军人凭有效证件、残疾军人凭《中华人民共和国残疾军人证》优先购票乘坐境内运行的火车、轮船、长途公共汽车以及民航班机；残疾军人享受减收正常票价50%的优待。现役军人凭有效证件乘坐市内公共汽车、电车和轨道交通工具享受优待，具体办法由有关城市人民政府规定。残疾军人凭《中华人民共和国残疾军人证》免费乘坐市内公共汽车、电车和轨道交通工具。"该条规定明确表示军人乘车是可以享受优待的，并且分为两个部分：第一，国家范围内火车、轮船、长途汽车以及民航班机等，军人享有优先权，残疾军人享受半价优待；第二，各城市公共汽车、电车和轨道交通等优待政策由当地政府自行规定。可见，该条例对军人优待不仅规定得很全面而且考虑得比较周到，既有国家层面的统一调度，又有各地因地制宜的灵活性，可以说是一部比较完备成熟的法规。

二、各地方规定

（一）铁路、民航、公交、轮船等行业具体规定

火车作为我国最重要的交通工具，也是我国大部分人优先选择的出行方式，铁路系统针对军人乘车也做了相关规定。中国铁路客户服务中心网站显示，持有"中华人民共和国残疾军人证"，可以到售票窗口购买专用票并享受相关优惠。另外，在各地火车站我们也可以看到，每个车站都设有军人窗口，较大的车站还设有军人专用候车室，有些地方也设有专门服务台针对军人等特殊群体单独服务。因此，铁路系统对军人交通出行优待的规定比较详细具体。

在民航系统中也有类似规定。比如在民航特殊身份人员乘机中有这样的规定：残疾军人在网内乘坐民航班机购买折扣票价机票，除了须持所在单位或接待单位的购票介绍信和居民身份证或临时身份证以外，还必须出示"革命残疾军人证书"，残疾军人享受按第一种票价折扣20%的优待。可见，民航系统对军人特别是残疾军人的权益重视程度比较高。特别是近年来，随着民用交通设施和运载工具贯彻国防要求工作走向规范化、法制化、标准化和规模化，依托军地资源的优化军事运输投送保障体系建设得到了逐步完善。军人值机柜台和安检通道的开通，缩短了乘机手续的办理时

间，让官兵有了更多获得感、幸福感。如 2016 年 8 月河南新郑机场开通了国内首个民航机场军人优先通道，值机安检缩短 45 分钟，极大地方便了军人旅客，也标志着民航交通建设军民融合进入了深化发展的新阶段。

此外，在各地长途汽车企业、轮船企业当中也都有比较具体的针对军人的优惠规定，在此不做赘述。

（二）各城市市内交通相关规定

新的《军人抚恤优待条例》出台以来，各城市人民政府都积极贯彻实施该条例，相继出台了很多具体规定。如北京市交通委运输管理局最新政策显示："继续给予解放军士兵、武警士兵、伤残人民警察、盲残人士、残疾军人、离休干部、见义勇为人员等 7 类特定人群享受轨道交通免票政策；继续给予 65 周岁及以上老年人、残疾人、解放军士兵、武警士兵、伤残人民警察、残疾军人、离休干部、见义勇为人员等 8 类特定人群享受地面公交免票政策。"而且，北京市下一步会逐步将特定群体的电子证件与市政交通一卡通的功能相结合，将特定群体凭证件免费乘车改为刷卡免费乘车，这样就更方便了军人旅客。安徽省合肥市规定，自 2007 年 8 月 1 日起，驻合肥现役军人只要出示公交免费乘车卡，就可免费乘坐公交车。鉴于实际操作中存在的困难，合肥市双拥办、公交集团推出"现役军人免费乘车卡"，并规定：驻肥部队、军事院校军人、学员外出时，只要持免费乘车卡，就可免费乘坐公交车。在杭州市，自 2006 年 7 月 1 日起，驻杭州部队现役军人凭"现役军人公交乘车卡"，同时出示军（警）官证、士兵证，可免费乘坐 1～499 路公共汽电车。该卡由市双拥办根据驻杭部队人数，按一定比例负责发放，官兵外出需要时可调剂使用。新疆石河子市实行驻石河子部队现役军人凭拥军 IC 卡免费乘坐市内公交车的优待政策。拥军 IC 卡实行限额乘车，每年每张拥军 IC 卡的面值为 150 元，使用期限为一年，每次每人乘坐价格为 9 毛钱。为此，石河子市政府出资为驻军部队统一办理了数百张公交拥军 IC 卡。这些拥军 IC 卡发放到部队后，再由部队发给批准外出的官兵使用。

这些地方都是比较具有代表性的地区，可见各地政府都比较注重保护军人合法权益，对军人交通出行优待力度比较大，也获得了驻地官兵的好评。

三、落实情况

近年来，国家以及各地方出台了很多军人交通出行优待的规定。然而，在具体实施过程中，却存在一些不尽合理的现象。

（一）如何证明军人身份有争议

大部分情况下，军人只需要出示证件即可享受优待政策，军官证、警官证、文职干部证、士兵证等都可以作为军人的身份证件。然而，在个别地方却不认可这些证件。例如，武汉总医院政治部某干事在总医院门口乘坐901路公交车到武昌火车站。上车时，尽管他出示了军官证，公交车司机和售票员仍然要求他购票。售票员说，根据公司规定，现役军人乘车必须持有效证明和着军装才能享受免费优待。当时，全车的人都看着他，让他十分尴尬，只好掏钱买票。此事并非个例，《楚天都市报》也曾刊登了一则新闻：甘女士和丈夫在武昌中华路乘轮渡过江。在检票处，身着便装的丈夫出示了军官证，可检票员称，不穿军装的必须买票。为此，双方发生争执。为什么不穿军装就不能享受优待？对此，武汉市公交公司有关负责人称，现役军人是可以免票乘坐市内公共交通工具，但也有一定的条件——必须着制服，佩戴领花、帽徽、肩章，并出示有效证件。他解释说，作出这一规定的主要目的是防止假军人享受乘车优待。然而，根据《中国人民解放军内务条令（试行）》第82条的规定，军人非因公外出，可以着军服，也可以着便服。也就是说，现役军人走出军营时，是可能穿着便服的。这样一来，公交公司的规定和部队条令出现矛盾，让人无所适从。

（二）伤残军人乘车不优惠没人管

有些伤残军人反映，虽然国家规定伤残军人乘车可以享受半价优惠，但很多时候根本无法享受到这些政策，但不知道应该去找谁管这些事。对此，各地公路运输管理处负责人都明确表示，道路运营单位应遵守国家和政府规定，对伤残军人乘坐交通工具实行优先和优惠措施，并设立有投诉电话。但现实情况下，这种投诉能起到多大作用仍然值得商榷。当出现这种情况的时候，军人的合法权益应当怎样得到维护？

（三）“军人优先”形同虚设

众所周知，每个火车站都设有军人窗口，但每到高峰期，军人窗口也被围得水泄不通。很多军人都会有类似的经历，手持证件到军人窗口购票时总会受到群众的指责：“不能插队！”“军人更应该讲素质，快回去排队！”……售票员对此也经常置之不理。这时军人只好尴尬地退回队伍后面，看着“军人窗口”默默排队。为何本应该由军人享有的权益，被人无端占用，还要忍气吞声？这些情况让不少官兵都有一种“被照顾”的感觉：本应理直气壮享受优待，结果反倒很心虚，甚至“很受伤”。少数地方交通站点、营业网点、医疗服务等行业中“军人优先”落实不到位给军人带来的种种尴尬，让大家宁愿选择“弃优”，也不愿“被照顾”。

这类现象不一而足，反映出很多地方虽然制定了完备的优待政策，但由于执行力度不够，致使很多细节无法执行到位，不仅给人民群众造成很多误解，也严重挫伤了军人积极性。

四、原因透视

调查发现，有的地方单位执行军人优待政策的力度，就像弹簧一样可高可低。在一些地方军人优待总是出现“说起来重要，做起来次要，忙起来不要”“上有政策，下有对策”“口上优而实不先，纸上优而实不待”等现象，主要源于以下几个原因。

（一）政策刚性不足，随意性较大，连续性不强

由于各地区情况差异较大，国家要求各地自行制定本地军人优待政策，但很多地方关于军人优待的相关政策规定得不够具体详细，落实起来有较大弹性空间，导致军人合法权益无法得到切实保障。个别地方和行业在贯彻落实军人优待政策时，考虑自身利益多，考虑官兵需求和国防利益少。如《军人抚恤优待条例》中明确规定，残疾军人乘坐长途公共汽车凭证可减收 50% 的票价，但少数个体人员承包长途公交业务经营权后，不愿落实这项优待政策。个别地方受经济发展滞后、国防意识淡薄、短期利益驱使等因素影响，落实军人优待政策连续性不强，存在检查时优待、评优时优待、阶段性优待、随机性优待等现象。甚至在个别地方、个别单位，军人优待政策落实的效果如何，往往取决于某一届党委班子或某一位领导的重视程度，军人优待工作未能形成落实机制，不能严格落实法规制度。

（二）制度设计不合理，有意抬高门槛

有些地区政策设计缺乏合理性，让人难以接受。比如北京市内交通部分规定只针对义务兵和残疾军人实行免票政策，而对军官或士官没有任何优惠。从实际来看，义务兵和残疾军人本来数量就比较少，走出部队的机会更是少之又少，基本没有乘车需求的群体享有免票政策，而外出公干、休假机会比较多的军官、士官却不享有优惠政策，不免让人心里存疑：这种优待的实际效果有多好？同样作为军人，不能因身份属性的不同而区别对待。

还有些地区的优待政策存在有意抬高门槛的嫌疑。如上述案例，有的地区规定军

人在乘坐公交车、参观旅游景点时必须着军服并持有效证件方可免费，而这与部队条令“军人非因公外出可以着军服，也可以着便服”的规定相矛盾；有的地区一些优待项目仅对本地驻军实行。这些做法都无形中抬高了军人优待的门槛，让一些军人对本该享有的优待因为“怕麻烦”而被迫自行放弃。

（三）执行监管不到位，缺乏相应处罚措施

当前，军地双方对军人优待政策落实情况均缺乏有效的监督体系、反馈机制和明确的奖惩标准。少数工作人员觉得军人优待政策落实好坏与切身利益关系不大，存在依法监管军人抚恤优待工作意识不强、热情不高的问题。一线工作人员素质参差不齐，碰到“懂政策、讲政策”的工作人员可以顺利享受优待，而遇到个别“不懂政策、不讲政策”的工作人员却受到百般刁难、束手无策。军人在受到不公正对待的时候往往投诉无门，即便有申诉渠道但也往往因得不到及时反馈而作罢。

（四）和平日久，国防意识淡薄

由于长期和平、利益调整、观念变化等种种原因，部分地方领导和群众国防观念不强，在军人优待问题上存在不认同、不作为的现象。有一些地区和城市进行军人优待功利性比较强，如在“全国双拥模范城”评比前突击落实优待，之后工作实效却大打折扣；对官兵立功受奖喜报的送达不认真；对军人优待金的发放不及时、不规范等。军人优待是财富不是包袱，只有怀着感情、带着责任干工作，才能保质、保量完成任务。

五、对策探讨

从当前现实来看，落实军人优待政策还存在诸多难题，要化解军人优待政策落实之忧，必须依靠军地双方合力解难。

（一）加强政策法规宣传，提高群众国防意识

军人优待政策有法可依，要将《中华人民共和国兵役法》《军人抚恤优待条例》等法规宣传作为国防教育的一项重要内容，利用建军节、烈士纪念日、国家公祭日等特殊时机广泛宣传、宣讲，搞好涉军法制讲座、军营开放日等活动，增强驻地群众国防意识。

（二）完善相关法规政策，细化军人优待标准

军地双方应合力制定符合驻地实际的军人优待政策实施细则，尤其是地方民政部门在制定拥军优属政策细则时，要充分考虑本地实际和未来发展需要，增强优待条款的可操作性。目前相关优待政策存在较大弹性空间，各地还存在优待不统一、不平衡、不落实的现象，建议完善相关法规政策，制定具体的实施细则，切实维护军人的合法权益。

（三）健全监管监督体系，制定相应处罚措施

地方民政部门要切实担负起监管职责，通过悬挂标识牌、职责公示栏和媒体宣传等形式，及时将监管部门、工作人员、办事流程等告知广大群众和部队官兵。打通投诉通道，完善投诉处理机制，给予官兵及时反馈，对执行不力的部门或相关工作人员要进行相应的处罚。

（四）密切军地沟通协调，杜绝政策冲突

当地方优待政策与部队的条令条例和管理制度不适应时，部队应主动搞好沟通协调，军地协力做好优待，部队可以出面协调地方相关部门予以解决。针对少数行业存在办理业务不认可军官证、士兵证，只认可军人保障卡、要着军装的特殊要求，部队可与驻地建立起军人身份确认联系机制，建议给现役军人办理优待卡。

（五）加大财政支持力度，鼓励普通公民参与“拥军”

有些部门或行业在优待不足上也有自己的苦衷，如为了落实政府的军人免费乘车政策，武汉公交系统每年要减少收益近百万元。虽然公交系统为了“拥军”毫无怨言，但长此以往，再好的优待政策都可能变味或夭折。拥军优属是政府行为，也是全社会的责任，不能把成本都算在公交公司头上，如果得不到相应的政策性补贴，公交企业肯定无力承受。

再者，拥军优属也不能仅局限于政府行为，可鼓励支持群众参与。如济宁市双拥办与济宁市交通运输局联合在城区出租车队伍中成立了一支“拥军车队”，110 辆出租车的车主踊跃报名加入了该队伍，为军人提供相应免费服务。目前该车队已经拥有 110 辆拥军出租车。拥军车队的不少成员都是曾获得过红旗出租车、诚信出租车等荣誉称号的优秀车主。所有加入“拥军车队”的出租车前挡风玻璃右下角都张贴有标注“拥军车”字样的标识。军人乘“拥军车”，可享受市区 2 公里内免费乘车的优惠（即每次免起步价 5 元），超出 2 公里按里程表计价收费。这种形式对改善拥军环境是一个很好的借鉴，不仅能有效解决军人乘车实际问题，也能让军人更多地感受到来自社会的关爱。

（六）正确处理涉军事件，培塑军人良好形象

个别部队领导在官兵利益受到侵害时，不问青红皂白先处理官兵，让官兵“很受伤”。部队各级应正确处理涉军事件，官兵做得不对时要及时教育处理，官兵正当权益受到损害时也应理直气壮地依法维护。部队应引导官兵理性看待各项优待政策，同时要严肃查处“假证件”“假军人”，对使用作废或伪造的军人证件免费乘车的现象予以严厉打击。政府要善于借助各类媒体大力宣传双拥先进典型，浓厚拥军优属氛围。在条件许可的情况下，军队也可主动邀请地方媒体走进军营，宣扬军人风采。军人在享受优待的同时，也应注意维护军人形象，如在购票时，没有急事尽量不插队，确实情况紧急时，可以耐心向周围群众说明原因，争取理解；在外出时，当地方管理人员要求出示证件时，应积极配合，态度端正，展示军人的良好形象。

六、结语

军人交通出行优待只是《军人抚恤优待条例》中很小的一部分，但在当前现实中，军人优待整体实施情况还存在很多问题，有很多需要完善的地方。军人优待看似一件小事，实质上是给现役军人添一份温暖，让适龄青年增一份报国信心。军人优待政策落实不好，不仅让复转军人寒心，也会让现役军人忧心，更会让适龄青年冷心。长此以往，恶性循环，就会如拿破仑所言：“如果一个国家的军人还不如商人受人敬仰，那么这个国家离亡国就不远了。”军人，在军队是战斗的主力军，在社会上同样是国家建设的生力军，他们应当受到社会优待、受到社会尊重。

铁路货物运输领域法律诚信体系的缺失与重塑

蒋超逸*

摘　要： 随着铁路货运改革和铁路货物运输的高速发展，铁路货运的损害赔偿问题也随之成为合理平衡托运人和承运人利益，体现公平价值的热点问题。而在实践中却往往会出现托运人与承运人在利益驱使下的“失信”行为。因此明确铁路货物运输中双方的责任义务，重塑诚实信用原则，提高运输信誉度成为亟待解决的问题。

关键词： 铁路货运；诚实信用原则；利益平衡；监督

一、诚实信用原则概述及其对于铁路货物运输领域的意义

（一）诚实信用原则

《中华人民共和国民法通则》第4条规定，民事活动应当遵循诚实信用原则。诚实信用原则是对民事主体之间相互关系的基本要求，其要求民事法律主体在从事各种民事活动时应当诚实守信，以善意的方式履行其义务，不得滥用权力以及规避法律或合同规定的义务，在功能上不仅可以调节当事人利益的平衡，同时可以调节当事人私益和社会公共利益的平衡。

诚实信用原则主要体现在设立或者变更民事法律关系时，要求当事人本着诚实善意的主观意思，不作假、不欺诈，并且为对方提供签订合同必要的信息；在民事法律关系建立之后，双方当事人应该恪守诺言、履行义务，维护对方当事人的正当利益，满足其合理期待，《中华人民共和国合同法》（以下简称《合同法》）第60条第2款

---

*作者简介：蒋超逸，北京交通大学法学院硕士研究生。

规定“应当遵循诚实信用原则，根据合同的性质、目的和交易习惯履行通知、协助、保密等义务”；在民事法律关系终止之后，双方当事人应该维护对方的利益，实施一定行为或者不实施一定的行为。诚实信用原则本质上属于规范市场经济活动的道德准则，是道德准则的法律化，这种道德准则的法律化可以指导合同当事人的行为，从而弥补道德环境和诚信体系的缺失。

（二）诚实信用原则适用于铁路货物运输领域的意义

1. 诚实信用原则适用于铁路货物运输领域具有合理性

铁路货物运输合同属于私法性质的合同，受《合同法》调整，是托运人与承运人基于平等原则，为了实现特定的货物运输任务而订立的旨在明确托运人与承运人相关权利义务的协议。铁路运输企业作为一个法人组织与托运人之间在法律人格上是平等的，因此虽然该合同具有标准性、强制性等对契约自由构成限制的特征，但却不影响其私法合同的本质，因此诚实信用原则适用于铁路货运损害赔偿领域具有其合理性。

2. 诚实信用原则适用于铁路货物运输领域具有必要性

铁路运输企业与其他的一般承运人相比，除了具有营利性的商业属性之外，同时具有社会公共属性，因此铁路运输企业除了对于货物运输中产生的货物灭失、短少、变质、污染、延迟运到等问题，在不存在法定的免责事由的情况下应承担违约责任之外，也应当承担其社会公共责任，履行其社会公共服务职能。

但是对于承运人来说，其在缔约到合同履行的过程中都处于优势和垄断地位，而托运人则相对处于劣势，这种不对等主要体现在承运人依靠其优势地位垄断性地掌握着与运输合同缔约与履行的所有相关信息，信息占有的不对称使得双方的权利义务处于失衡状态，而这种失衡状态给托运人造成了极大的风险，并且我国铁路运输企业缺乏市场竞争意识和服务意识，对于逾期货物的内部考核机制和信用评价体系仍不完善，因此承运人在诚实信用原则的指导和约束下及时充分地向托运人披露与货物运输合同相关的信息，并严格遵守合同内容就成为平衡托运人与承运人之间实质上不对等的极为重要的部分，以保障托运人的利益以及市场交易和货物运输的准点性和安全性。

二、铁路货物运输的相关理论概述

（一）货运损害赔偿的基本方式

1. 保价运输

货物的保价运输，是指托运人在托运货物时声明其价格，并向承运人支付保价费用，由承运人在货物损失时按声明价格赔偿的一种货物运输。① 保价运输是运输企业实行限额赔偿后，为了保证承运人、托运人双方权益对等在法律上给予托运人的一种权利，是赔偿限额制度的必要补充，除了对托运人的损失起补偿作用之外，运输企业可以直接采取特殊的技术和组织措施，以保证货物运输的安全。保价运输的办理实行自愿原则，即对托运的货物是否保价完全取决于托运人的自愿，包括承运人在内的其他任何人不得以任何方式强迫托运人办理保价运输。对办理保价运输的货物在运输过程中因承运人责任造成的货物灭失、短少、变质、污染或损坏的，承运人应按声明价格赔偿，实际损失低于声明价格的，按实际损失赔偿，如果经过核实，货物损失是因承运人的故意行为造成的，当声明价格低于实际损失时，承运人不受声明价格的限制，应按照规定向货主赔偿货物的实际损失。

2. 运输保险

保险主要是针对保险人与投保人之间而形成的一种保险合同关系。投保人支付相应的运输保险费用，如果发生了在保险责任范围内的事故时，就可以得到相应的保险金，来补偿货物的损失。我国货物运输保险责任的范围一般限于自然灾害和意外事故。如果是因为铁路运输企业的责任而造成货物的损失，那么此时保险人有向铁路运输企业追偿的权利。② 运输保险可以保障货运事故中托运人的合法权益，根据有关规定，若货物损失是由于不可抗力造成的，则承运人可以免责，即托运人将得不到赔偿，并且在大多数情况下，铁路货运损害赔偿采取了限额赔偿的赔偿方式，运输保险可以将运输过程中的风险向社会转移，在发生铁路货运事故后，由保险公司负责赔偿，从而保证了托运人的合法利益。

（二）货运损害赔偿的归责原则

根据《中华人民共和国铁路法》（以下简称《铁路法》）和《合同法》的相关规

①刘作义、郎茂祥：《运输商务》，中国铁道出版社 2016 年版。

②吴迪、张长青：《铁路货物保价与保险运输问题研究》，载《物流技术》2011 年第 11 期。

定，一般来说，物品运输的归责原则都应该是严格责任原则，即只要一方当事人的违约行为给另一方造成损失，不管是否有过错，都要承担赔偿责任，只有法定的抗辩事由可以作为免责事由，违约方没有过错不能作为免责的依据。《铁路法》第 18 条规定："由于下列原因造成的货物、包裹、行李损失的，铁路运输企业不承担赔偿责任：（一）不可抗力。（二）货物或包裹、行李中的物品本身的自然属性，或者合理损耗。（三）托运人、收货人或者旅客的过错。"

铁路货物运输损害赔偿的主要方式是保价和保险。所以针对这两种方式在如何确定归责原则上，通常保价运输适用严格责任原则，保险运输损害赔偿适用无过错责任原则。

三、实践中铁路货物运输领域的诚信缺失问题

（一）承运人的诚信缺失问题

1. 承运人未尽到如实告知义务

信息披露义务属于铁路承运人的一项法定义务，其基于诚实信用原则而产生，如果因承运人未依法履行该项义务而导致托运人利益受损，承运人就应承担相应的损害赔偿责任。信息披露义务要求承运人应及时告知货物运输的情况以及其他与货物运输有关的信息，承运人应当披露的信息主要包括运输时刻表（载明车次、发车时间、到站时间等内容）；运输过程中出现异常情况的通报以及其他与货物运输有关的信息等，以便托运人采取相应的应对措施以减轻运输迟延可能导致的损失。① 承运人的告知义务在《合同法》中亦有所体现。《合同法》第 298 条规定："承运人应当向旅客及时告知有关不能正常运输的重要事由和安全运输应当注意的事项。"

但是在实践中，恰恰是因为托运人与承运人之间掌握的信息存在着极大的不对称，承运人的这种垄断地位往往会催生对话壁垒和私利趋势下的诚信缺失现象，如为提高工作效率等多方面因素而不将关于货物运输合同的相关信息及时充分、诚实善意地告知托运人。

此外，在保价运输的情况下，保价条款往往是由承运人单方制定和提供的，承运人对条款中相关规定的实质含义及一旦发生货物损失时的责任承担问题都相对较为了

① 张红丽：《论铁路货物运输迟延问题及其法律救济》，北京交通大学 2011 年硕士学位论文。

解，对于自身部分责任的限制和对托运人部分权利的排除应当尽到说明义务，并提醒对方当事人注意。但在实际签订保价条款时，承运人往往由于私利的驱使，或出于对参保率以及对整个工作流程工作效率的追求而不能如实、详尽地尽到善意提醒的义务。

2. 承运人未尽到补救义务

诚实信用原则要求在民事活动中发生损害，民事主体双方均应及时采取合理的补救措施，避免和减少损失。而根据我国《合同法》规定，当不可抗力发生后，当事人应积极采取措施，尽量避免损失的发生，或防止损失的进一步扩大，如发生不可抗力一方当事人不及时采取措施或采取的措施不合理、不适当，致使损失扩大的，则扩大部分不能要求免责。在铁路货物运输过程中，列车往往会因多种原因引起的线路故障和运输组织问题而造成货物运输迟延和货物损失，其中很多情况是由于不可抗力或意外事故所致，在这种情况下，铁路运输企业应采取有效措施，对因故受阻的货物进行合理安排，进行积极补救。

但在实际运输过程中，由于承运人对货物运输过程的信息垄断，托运人难以了解货物运输过程中的相关事实真相，与此同时承运人缺乏相应的责任监督机构，这使得承运人往往怠于履行其补救义务。加之运输沿线各铁路局相互间没有明确的运输合同责任，随着各利益主体意识的分散化和多元化，容易使承运人产生重视企业利益而忽视铁路整体利益和托运人合法权益的问题。

3. 在发生货运事故时，承运人采取不当手段规避其法律责任

《铁路法》第 17 条规定，“铁路运输企业应当对承运的货物、包裹、行李自接受承运时起到交付时止发生的灭失、短少、变质、污染或者损坏，承担赔偿责任”。同时《铁路法》第 18 条规定：“由于下列原因造成的货物、包裹、行李损失的，铁路运输企业不承担赔偿责任：（一）不可抗力。（二）货物或包裹、行李中的物品本身的自然属性，或者合理损耗。（三）托运人、收货人或者旅客的过错。”在铁路货物运输过程中，自货物交付时起，货物就完全在承运人的控制和支配之下，而托运人则往往对货物运输的其他相关信息和具体情况不得而知。《合同法》相关规定也规定了承运人对其所主张的免责事由具有举证责任。

在实践中，一些承运人基于其信息垄断地位和出于规避损害赔偿的考虑，在发生货损事故时，会倾向于寻求该事故属于免除责任的证据和理由，甚至毁灭不利于自身

的证据或制造虚假证据，而托运人基于其难以获取运输过程中的相关事实情况和真实信息而难以做出有力的抗辩，从而无法维护自身的合法权益。

（二）托运人的诚信缺失问题

在保价运输过程中存在不足额保价现象。《铁路法》第 19 条规定："托运人应当如实填报托运单，铁路运输企业有权对填报的货物和包裹的品名、重量、数量进行检查。经检查，申报与实际不符的，检查费用由托运人承担；申报与实际相符的，检查费用由铁路运输企业承担，因检查对货物和包裹中的物品造成的损坏由铁路运输企业赔偿。托运人因申报不实而少交的运费和其他费用应当补交，铁路运输企业按照国务院铁路主管部门的规定加收运费和其他费用。"从这一项规定中我们可以看到，国内立法对托运人责任规定较轻，也给了托运人不足额保价行为出现的契机。不足额保价是指托运人在办理保价运输业务时不如实保价，以低于货物或行李、包裹的实际价值作为投保金额，从而达到节省运输费用的目的。不足额保价使得铁路运输费用减少，而一旦出现保价货运事故时，损害赔偿的复杂性就大大增加了。

不如实保价现象出现的原因是多方面的，铁路运输企业对保价运输宣传和普及力度不够，往往会使得托运人认为这是一种变相收费的手段，从而产生误解和抵触情绪，加之部分托运人存在一定的侥幸心理，认为一旦不发生货运损害事故，交付的保价金就是浪费。而现有的关于托运人不足额保价相关责任的规定较轻且监督机制也不完善，使得实践中出现了许多私自代办保价和不如实保价的情况，这种现象不仅使得铁路货运事故发生的时候赔偿难度大大增加，也损害了铁路运输企业的利益。

四、货物运输领域的法律诚信体系的完善

（一）强化承运人的相关责任

1. 强化承运人的如实告知义务，并进行严格监督

《合同法》第 298 条规定，"承运人应当向旅客及时告知有关不能正常运输的重要事由和安全运输应当注意的事项"。信息披露义务要求承运人应及时告知货物运输的情况以及其他与货物运输有关的信息，承运人应当披露的信息主要包括运输时刻表、运输过程中出现的异常情况通报以及其他与货物运输有关的信息等，以保证当货

损事故发生时，能够及时止损，以最大限度保障托运人的权利。此外，应当设立相应的监督机制，以严格监督铁路运输企业的履约行为，防止其不严格遵守合同约定的内容损害托运人的利益。然而，现行立法除了《合同法》《铁路法》等法律法规对承运人的运输迟延和其违约责任进行了原则性规定外，并没有建立起强有力的监督制约机制，并且监督检查应当遵循公开、公正和效率的原则，同时铁路运输企业应加强责任意识和服务意识，积极、合理地对货运在途情况进行信息公开。

对于办理保价运输的情况，承运人应当从托运人的利益出发，对于未投保运输保险的货物，应当善意提醒其参加保价运输，但不得以任何强迫方式强迫托运人办理保价运输。并且在签署保价协议时，对于自身部分责任的限制和对托运人部分权利的排除应当尽到说明义务，并提醒对方当事人注意，以保障托运人的利益。

2. 强化承运人的补救义务并明确其举证责任

根据我国合同法规定，当不可抗力发生后，当事人应积极采取措施，尽量避免损失的发生，或防止损失的进一步扩大，如发生不可抗力一方当事人不及时采取措施或采取的措施不合理、不适当，致使损失扩大的，则扩大部分不能要求免责。在铁路货物运输过程中，列车往往会因多种原因引起的线路故障和运输组织问题而造成的货物运输迟延和货物损失，其中很多情况是由于不可抗力或意外事故所致。在这种情况下，铁路运输企业应采取有效措施，对因故受阻的货物进行合理安排，进行积极补救，同时明确各铁路局之间的责任关系，强化铁路运输企业整体利益，保护托运人的相关权益。并且对于承运人未积极履行补救义务而造成的扩大损失的部分，通过过错推定原则确定其损害赔偿责任，实行“举证责任倒置”。“举证责任倒置”制度的设置遵循了民法上的平等原则，弥补了托运人与承运人之间的实质不平等，在保护托运人利益的同时，兼顾铁路承运人的利益，在合同法层面上平衡了合同双方当事人之间的利益，在经济法层面则有效平衡了专业领域经营人与消费者之间的地位差异。

对于承运人的除外责任的举证，则应该明确其证据为原始证据，并保证证据的真实性，对证据之间的矛盾应当进行合理排除。一方面应建立货车追踪查询系统，以便对承运人提供的相关证明信息予以监督和筛查；另一方面则应通过限定其证明形式、严格限制证明手段来保障取证的真实性和合理性，以保证承运人的利益得到合理保障。

（二）明确托运人的如实声明价值义务

《铁路法》第19条规定："托运人应当如实填报托运单，铁路运输企业有权对填报的货物和包裹的品名、重量、数量进行检查。经检查，申报与实际不符的，检查费用由托运人承担；申报与实际相符的，检查费用由铁路运输企业承担，因检查对货物和包裹中的物品造成的损坏由铁路运输企业赔偿。托运人因申报不实而少交的运费和其他费用应当补交，铁路运输企业按照国务院铁路主管部门的规定加收运费和其他费用。"

我们可以看到，目前我国立法对于托运人未尽到诚实的价值声明义务的惩罚较轻，并不能遏制托运人的投机心理，法律层面对托运人不真实声明货物价值的违约责任的规定，根据《铁路货物运价规则》第29条，托运人按应当缴纳保价费用的两倍向承运人支付违约金。这样的规定主要考虑到托运人声明货物价值并不属实的行为，其实应承担的是一种缔约过失责任，而对缔约过失责任的赔偿的相关法律都没有做出明确的规定，那么运输法律制度应当对这种行为做出明确规定。一旦在运输法律中有了明确的规定，那么承运人在承担赔偿责任时就有了抗辩事由，依照《合同法》第120条的规定，就双方在法律规定的范围内将各自负担的责任抵消。①

另外，应当规定当托运人声明货物实际价值后，承运人有权对托运人进行合理的提示和检查，如果托运人申报的价值和货物的实际价值差额过大时，有权要求托运人提供能证明货物价值的材料和数据。经查证声明价值不符或有涂改痕迹时，应当更换货物运单或物品清单。此外，为了保障双方当事人的合法权益，托运人应该对"故意或者明知可能造成损失而轻率地作为或者不作为"承担举证责任。

（三）建立信用评价体系

信用是维持市场经济平稳有效运作的关键环节，而信用评价体系的构建可以缓解托运人和承运人之间实质上的不平等，从而平衡托运人与承运人之间的利益。一方面，应该完善相关的法律法规，强化承运人的责任意识，强化铁路运输企业的责任感，并建立相应的信用评价体系，铁路监管部门应当建立铁路企业和个人信用档案，记录日常监督检查结果、违法行为的查处等情况，依法向社会进行公开；对于违法、违规的铁路运输企业，通过信用公示、信用降级、重点监控、法律诉讼等方式进行惩

①杨魏巍：《铁路货物运输损害赔偿法律制度研究》，北京交通大学2010年硕士学位论文。

治，并且通过 TMIS（铁路运输管理信息系统）等信息系统建设，建立货车追踪查询系统，实时、准确掌握运输动态，以实现均衡运输，提高运输效率；同时及时将货物运输相关的动态信息提供给托运人，为托运人提供到货预报及货物在途运输情况，最大限度上平衡承运人与托运人之间的利益，打破双方在缔约及合同履行过程中的信息、对话壁垒，在保障安全、准点、高效运输的同时，当发生货运事故时可以更好地保护双方利益，并且使得铁路运输企业可以更好地行使其社会公共职能。

客运列车晚点诚信责任研究

李京文*

摘　要： 伴随着人们出行的日益频繁，铁路运输成为重要的出行方式，与之相关的铁路客运合同纠纷日益增加。客运列车晚点是铁路客运合同纠纷的主要表现形式，违反了铁路运输的诚信原则，作为合同相对人的乘客基于客运合同的权益造成损失。本文从客运列车晚点责任构成出发，在准确界定铁路晚点责任构成的基础上进一步明确铁路运输企业需要承担的诚信责任范围，最后分析客运列车晚点诚信责任承担途径，以更好地保护乘客基于运输合同的利益，督促铁路运输企业增强诚信观念和责任意识，强化管理，提高铁路运输服务水平。

关键词： 客运列车晚点；诚信责任

引　言

2016 年 4 月 23 日，途经武昌站、襄阳站的 K1168 次列车晚点 3 个小时，在武昌站候车准备前往襄阳的乘客刘某，将武汉铁路局告上法庭，要求其赔偿 500 元损失费并赔礼道歉。这并不是襄阳铁路运输法院受理的第一起铁路旅客运输合同纠纷案。随着经济社会的发展，铁路运输服务成为乘客的主要出行方式，与此相关的铁路客运合同纠纷也不断增加。保护乘客基于客运合同的合法权益逐渐引起各方关注，形成有效的违约确认标准和责任承担机制在铁路客运合同纠纷日益增加的当今社会显得必要且迫切。本文正是基于以上思考，首先通过客运列车晚点的责任构成明确铁路运输企业承担晚点责任的情形，在此基础上进一步分析铁路运输企业承担诚信责任的范围，即

* 作者简介：李京文，北京交通大学法学院硕士研究生。

其需对乘客损失承担责任的范围，最后分析铁路运输企业承担诚信责任的途径，将承担诚信责任的方式具体化，使之更具现实操作性，以期切实地保护乘客的合同权益。

一、客运列车晚点责任构成

客运列车晚点诚信责任的基础是有效的旅客运输合同，铁路运输企业和乘客是客运合同关系的主体，合同体现为乘客购票所持的有效车票。由于客运合同为诺成合同，当乘客通过购票行为取得铁路运输企业车票时，客运合同成立。

基于有效的客运合同，铁路运输企业负有相应义务，《中华人民共和国合同法》（以下简称《合同法》）第299条规定："承运人迟延运输的，应当根据旅客的要求安排改乘其他班次或者退票。"《中华人民共和国铁路法》（以下简称《铁路法》）第12条规定："铁路运输企业应当保证旅客按车票载明的日期、车次乘车，并到达目的站。"基于法律，铁路运输企业应当按照客运合同所体现的要求履行各项合同义务，按照订立合同时双方形成的关于客运服务时间的内容当然也包含在铁路运输企业义务范围之内。铁路客运晚点明显地违背客运合同中关于客运服务时间的要求，违反了诚信原则，使乘客对有效客运合同产生的合理信赖利益造成损失，可能造成乘客生产生活计划的破坏，铁路运输企业应承担违约责任。

然而并不是只要出现了铁路列车晚点的现象，就必然产生违约责任，由于铁路运输行业的特性，轻微的晚点是被允许的，只要是在合理限度范围内，就不会产生铁路运输企业的违约责任。下面将具体阐述客运列车晚点诚信责任的构成，以在具体实践中区分符合责任构成的情况。

一般认为，铁路运输企业的客运列车晚点责任以严格责任为归责原则，在严格责任下违约方承担违约责任不要求有主观过错。适用严格责任的主要理由为"《铁路法》对人身伤亡事故的归责原则的有关规定体现的是严格责任的归责原则，立法者在未来的立法活动中应当考虑到一部法律的整体统一性。再次，在铁路客运合同中，承运人一般为具有垄断性、公用性的企业或组织，合同的双方当事人处于严重不对等的地位，适用严格责任原则更有利于保护处于弱势地位的旅客的利益，体现法的公平、正义价值。"①

①潘超、康星：《铁路旅客运输合同中承运人履行迟延的法律责任》，载《湖北第二师范学院学报》2013年第5期。

（一）不完全履行的违约行为

违约行为按发生的时间不同分为预期违约和实际违约，预期违约是在合同约定的履行期限开始之前即宣告违约，按宣告形式不同又分为明示预期违约和默示预期违约。实际违约是在合同约定的履行期间内的违约，可以分为不履行和不完全履行的违约形态。铁路客运列车晚点是铁路运输企业履行了客运合同，提供了客运列车服务，但其履行具有瑕疵，不符合订立合同时双方基于《全国旅客列车时刻表》默示达成的履行时间的要求，造成列车实际到达特定站点时间明显晚于时刻表。因此，客运列车晚点诚信责任中铁路运输企业的晚点行为是对于客运合同不完全履行的违约行为。

（二）乘客的损害事实

乘客的损害事实包括直接损失和间接损失。直接损失是由于铁路列车晚点造成的乘客费用的增加和时间的消耗。乘客增加的费用包括“旅客由于承运人迟延而滞留在火车站、飞机场、汽车站而承担额外的费用支出，比如因就餐、住宿而支出的费用，以及因晚点所造成的停工、停产及物资积压的损失”①。费用的增加会造成乘客财产的减少，属于损害范围内容。间接损失是指客运合同完全履行下的可得利益损失。间接损失与具体乘客相结合具有个案的特殊性，因此具有不确定性。直接损失和间接损失都是在铁路列车晚点下乘客遭受的损害事实，而对于铁路运输企业承担诚信责任的范围本文将在后面部分阐述。

（三）不完全履行行为和损害事实间的因果关系

并不是只要有不完全履行行为和损害事实就要承担违约责任。铁路运输企业承担铁路列车晚点诚信责任要求两者之间具有因果关系。相当因果关系说认为“如果某项事实仅于现实情况发生该项结果，还不足以判断因果关系，必须在通常情况下，依社会一般见解亦认为有发生该项结果之可能性，始得认为有因果关系”②。因此，对于铁路列车晚点造成的损害事实不仅要满足条件关系，更要具有社会相当性，这就排除了铁路运输企业对由于异常因素介入造成的损害结果的责任，既能对乘客的损害事实提供救济，又符合公平原则，防止对铁路运输企业不合理的责任分配，增加其承担责任的范围和程度。因果关系的认定对于文章后面部分关于铁路列车晚点诚信责任范

①朱亚江：《论客运合同迟延履行的违约损害赔偿》，南京大学 2011 年硕士学位论文。
②王飞：《客运列车晚点民事责任研究》，河南大学 2010 年硕士学位论文。

围也会产生影响，将在下文展开讨论。

二、客运列车晚点诚信责任范围

在前文界定了客运列车晚点诚信责任构成的基础上，本部分将进一步讨论铁路运输企业诚信责任范围，即铁路运输企业需要对乘客遭受的损害结果中所需承担责任的范围。结合责任构成中乘客损害结果的内容，损害事实分为直接损失和间接损失。直接损失需要由铁路运输企业进行赔偿，间接损失则不包含在赔偿范围之内，即铁路列车晚点诚信责任的赔偿范围不包括可得利益损失。

综上所述，客运列车晚点诚信责任是有范围限制的，责任范围受到相关原则和因素限制，下面将阐述限定诚信责任范围的内容。

（一）合理预见原则

《合同法》第113条规定："当事人一方不履行合同义务或者履行合同义务不符合约定，给对方造成损失的，损失赔偿额应当相当于因违约所造成的损失，包括合同履行后可以获得的利益，但不得超过违反合同一方订立合同时预见到或者应当预见到的因违反合同可能造成的损失。"《铁路法》是特别法，在特别法对相关事项存在立法空白时应适用作为一般法的《合同法》，因此铁路列车晚点诚信责任范围的确定中，要遵循合理预见原则。在订立客运合同时，铁路运输企业没有能力预见到因铁路列车晚点对乘客造成的损害后果，若强令铁路运输企业赔偿间接损失，将大大超过铁路企业缔约时所自愿承担的义务范围，违反其订立客运合同时的真实意思表示，不合理地加重其负担，因此从公平原则出发可得利益损失不在诚信责任范围内。

（二）减损原则

《合同法》第119条规定："当事人一方违约后，对方应当采取适当措施防止损失的扩大；没有采取适当措施致使损失扩大的，不得就扩大的损失要求赔偿。"铁路晚点造成的损害事实具有确定性，铁路列车晚点发生时，乘客基于客运合同的权益虽然遭受损害，乘客具有采取有效措施防止损害扩大的义务，由于乘客自身的不恰当行为或消极行为造成损害后果的扩大部分，铁路运输企业无须承担诚信责任。诚实信用原则是民事法律领域最为重要的法律原则，民事主体在进行民事活动时应以诚实信用原则为指导。减损原则就是诚实信用原则派生的子原则之一，要求利益受损的乘客方采取措施防止损害结果的扩大，防止由于对乘客权益过度保护情况下产生的道德危机。

（三）不可抗力

即使客运列车晚点采取严格责任的归责原则，不可抗力也是铁路运输企业的免责事由。《中华人民共和国民法通则》第153条规定："本法所称的'不可抗力'，是指不能预见、不能避免并不能克服的客观情况。"在铁路运输领域，不可抗力主要体现为水灾、旱灾、风灾、火灾、地震等自然灾害以及战争或者武装冲突、罢工、骚乱等社会现象。不可抗力是铁路运输企业最主要的免责事由。

三、客运列车晚点诚信责任承担方式

客运列车晚点诚信责任承担方式是铁路运输企业承担违约责任的具体途径，能为由于铁路列车晚点造成的损害事实提供现实、可操作的救济。铁路运输企业承担违约责任的具体方式有下面几种。

（一）继续履行

《铁路法》第12条规定："因铁路运输企业的责任造成旅客不能按车票载明的日期、车次乘车的，铁路运输企业应当按照旅客的要求，退还全部票款或者安排改乘到达相同目的站的其他列车。"其中安排其他列车即是铁路运输企业继续履行客运合同的表现。客运合同的继续履行体现了契约必守原则。客运合同是在铁路运输企业和乘客在合同自由基础上形成的合意，在继续履行有意义并且有现实可能性时，继续履行能最大限度地弥补铁路列车晚点对乘客造成的损失，达到乘客订立客运合同时的目的。

（二）解除合同

客运合同的继续履行的适用具有条件限制，同时由于客运服务为一次性服务，提供运输服务和乘客消费具有同时性的特点，铁路列车晚点常常对乘客造成不可逆转的损失。当由于铁路列车晚点造成乘客订立客运合同时的缔约目的不能实现时，乘客具有解除客运合同的权利。基于合同自由和合同相对性原则，在客运合同生效以后应最大限度地维护合同的效力，但铁路列车晚点使乘客缔约目的完全不能实现的情况下，铁路运输企业构成根本违约，因此乘客有解除客运合同的形成权以保护其正当权益。《合同法》第299条规定："承运人迟延运输的，应当根据旅客的要求安排改乘其他班次或者退票。"退票即为乘客接触客运合同的客观行为表示。

（三）损害赔偿

客运合同的解除并不影响乘客的损害赔偿请求权，损害赔偿也是铁路运输企业承担违约责任的形式之一。《合同法》规定当事人一方履行合同义务不符合约定条件的，另一方有要求赔偿损失的权利，客运合同也应当适用相关规定，在乘客因铁路列车晚点遭受损害事实时，有权要求铁路运输企业进行损害赔偿，具体赔偿的范围为铁路列车晚点造成的直接损失。

四、结语

随着社会经济的发展，交通运输水平的提高，乘车出行已成为人们生活的一部分，客运列车晚点成为每个个体都可能面对的现实情况。正确理解铁路列车晚点中铁路运输企业与乘客间的客运合同法律关系，明确铁路运输企业诚信责任范围和责任承担方式对于保护广大乘客群体利益，督促铁路运输企业增强诚信观念，改善管理，提高铁路运输服务水平具有重要意义；而完善铁路运输相关立法，增加有争议条款的解释对于解决日益增加的客运合同纠纷具有现实意义。

网约车平台公司对乘客应负义务研究

——以滴滴公司*快车业务为例

张　帅**

相较于已经发展了百余年的传统出租车行业而言，互联网和交通运输的结合产生的网约车行业实在是一个新事物。虽然2016年7月26日国务院公布了《国务院办公厅关于深化改革推进出租汽车行业健康发展的指导意见》①（以下简称《指导意见》），次日交通运输部等七部委联合发布了《网络预约出租汽车经营服务管理暂行办法》②（以下简称《暂行办法》），对网约车行业参与者的权利义务分配进行了规定，但客观上仍然难以满足规范蓬勃发展的网约车行业的实际需要。特别是没有明确规定网约车平台公司对乘客的应负义务，这给广大乘客的出行造成了极大的安全隐患，是急需厘清的问题。

《暂行办法》将“网约车”界定为“非巡游的预约出租汽车”③，《指导意见》规

---

* 滴滴公司在本文中代指北京小桔科技有限公司。北京小桔科技有限公司成立于2012年6月，总部设在北京，是目前国内网约车行业实力最强的公司。滴滴公司提供的服务主要包括：出租车、快车、顺风车、专车、代驾、试驾、公交查询、租车等。

** 作者简介：张帅，北京交通大学法学院硕士研究生。

①《国务院办公厅关于深化改革推进出租汽车行业健康发展的指导意见》，国办发〔2016〕58号，2016年7月26日发布。

②《网络预约出租汽车经营服务管理暂行办法》，交通运输部、工业和信息化部、公安部、商务部、工商总局、质检总局、国家网信办令2016年第60号，2016年7月27日发布。

③《网络预约出租汽车经营服务管理暂行办法》第2条规定：“本办法所称网约车经营服务，是指以互联网技术为依托构建服务平台，整合供需信息，使用符合条件的车辆和驾驶员，提供非巡游的预约出租汽车服务的经营活动。”

定网约车属于城市出租车的组成部分①，并提出在出租车运营需要行政许可这一原则不变②的前提下，将网约车纳入其中。③《指导意见》还明确指出了“网约车平台公司是运输服务的提供者，应具备线上线下服务能力，承担承运人责任和相应社会责任”④。具体到我国当前的网约车行业，滴滴公司无疑处于领军地位，该公司开展了出租车、快车、顺风车、专车、代驾、试驾、公交查询、租车等多项相互独立的业务，并在其所有的滴滴出行 App⑤ 中针对不同的业务板块与乘客拟定了权利义务分配差别巨大的格式条款。对于滴滴公司针对不同业务拟定不同协议区别对待的做法笔者也是认同的。本文只选取滴滴公司的各项业务中与“网约车”概念贴合最紧密的“快车”业务为代表，分析滴滴公司基于诚实信用原则对乘客的应负义务。

一、滴滴公司《专快车使用条款》中声明的义务范围

尽管《指导意见》中要求网约车平台公司承担“承运人责任和相应社会责任”，但以滴滴公司为代表的大部分的网约车平台公司仍最大限度地将自己归为提供信息撮合服务的居间人。滴滴出行 App 在《专快车使用条款》中列明了自己的责任为“对于因使用（或无法使用）网站或滴滴出行平台的电子通信手段导致的任何损害（但排除死亡或人身伤害），我们不承担责任（除非此类损害是由我们的故意或重大过失造成的）”⑥。

和大多数互联网注册程序一样，用户注册时该款 App 隐藏了用户协议的内容并

①《指导意见》中提出：“二、明确出租汽车行业定位……（三）科学定位出租汽车服务：出租汽车是城市综合交通运输体系的组成部分，是城市公共交通的补充，为社会公众提供个性化运输服务。出租汽车服务主要包括巡游、网络预约等方式。城市人民政府要优先发展公共交通，适度发展出租汽车，优化城市交通结构。”

②2016 年 8 月 25 日国务院令第 671 号《国务院关于修改〈国务院对确需保留的行政审批项目设定行政许可的决定〉的决定》中依然保留了对出租汽车运营的许可权限。

③《指导意见》中提出：“三、深化巡游车改革……（四）改革经营权管理制度……新增出租汽车经营权全部实行无偿使用，并不得变更经营主体……对于现有的出租汽车经营权未明确具体经营期限或已实行经营权有偿使用的，城市人民政府要综合考虑各方面因素，科学制定过渡方案，合理确定经营期限，逐步取消有偿使用费。”

④《指导意见》中提出：“四、规范发展网约车和私人小客车合乘……（八）规范网约车发展。网约车平台公司是运输服务的提供者，应具备线上线下服务能力，承担承运人责任和相应社会责任。提供网约车服务的驾驶员及其车辆，应符合提供载客运输服务的基本条件。对网约车实行市场调节价，城市人民政府认为确有必要的可实行政府指导价。”

⑤滴滴公司所有的打车软件，2012 年 9 月上线时原名“滴滴打车”，2015 年 9 月更名为“滴滴出行”。

⑥滴滴出行 App（版本号：V4. 4. 10_162）设置 - 法律条款 - 出专车使用条款 - 第八条 责任 - 8. 1。

默认用户已经仔细阅读并同意，这显然是未尽到“采取合理的方式提请对方注意免除或者限制其责任”① 的格式条款提醒说明义务，乘客可据此请求人民法院撤销该项条款的规定。②

抛开《指导意见》不谈，滴滴公司在快车业务中也不应该是居间人的角色。根据《中华人民共和国合同法（以下简称《合同法》）》对居间合同的定义③可以解释出居间人仅有向委托人请求支付自己为委托人寻求缔约机会所付出的劳务对价的权利。而在快车运营模式下，滴滴公司决定服务价格、直接参与收入分配，并主导了整个交易的进行，其与居间人定义的差异显而易见，滴滴公司无疑在扮演着承运人角色，应当承担承运人责任。

《合同法》第 302 条第 1 款规定：“承运人应当对运输过程中旅客的伤亡承担损害赔偿责任，但伤亡是旅客自身健康原因造成的或者承运人证明伤亡是旅客故意、重大过失造成的除外。”仔细对比不难发现，对于旅客伤亡，法律规定中承运人承担过错推定责任——责任原则上由承运人承担，除外情形为旅客自身健康原因造成的人身损害以及由承运人承担举证责任的旅客故意、重大过失造成的伤亡；在滴滴公司的规定中该公司仅需承担过错责任——原则上不承担责任，除外情形为“此类损害是由我们的故意或重大过失造成”。滴滴公司的该项规定已经构成了“提供格式条款一方免除其责任、加重对方责任、排除对方主要权利”的情形，乘客可以依据《最高人民法院关于适用〈中华人民共和国合同法〉若干问题的解释（二）》（法释〔2009〕5 号）第 10 条④主张该项约定无效。

滴滴公司在其自拟的《专快车使用条款》中，通过未履行提醒说明义务的格式条款，将自己责任承担的方式由“过错推定责任”削弱为“过错责任”，对乘客的义务范围规定过于狭窄，是不合理的。

①《中华人民共和国合同法》第 39 条。

②《最高人民法院关于适用〈中华人民共和国合同法〉若干问题的解释（二）》（法释〔2019〕5 号）第 9 条。

③《中华人民共和国合同法》第 424 条规定：“居间合同是居间人向委托人报告订立合同的机会或者提供订立合同的媒介服务，委托人支付报酬的合同。”

④《最高人民法院关于适用〈中华人民共和国合同法〉若干问题的解释（二）》（法释〔2009〕5 号）第 10 条规定：“提供格式条款的一方当事人违反合同法第三十九条第一款的规定，并具有合同法第四十条规定的情形之一的，人民法院应当认定该格式条款无效。”

二、基于信息审查的义务

虽然《指导意见》中明确要求网约车平台公司“承担承运人责任和相应社会责任”，但平台公司毕竟不是运输服务的直接提供者，作为“构建网络服务平台，从事网约车经营服务的企业法人”①，平台公司的根本任务在于保障所构建的网络服务平台是安全可靠的，这主要体现在信息审查义务上。

（一）静态的信息审查

新出台的《暂行办法》对可以从事网约车经营的车辆和驾驶员都做了基本规定并要求车辆具备《网络预约出租汽车运输证》、驾驶员具有《网络预约出租汽车驾驶员证》，至于具体的操作细节则交由各地市政府及有关部门规定。但网约车立法在世界范围都还只是处于探索阶段——甚至直至2013年它的合法地位才在美国加州被首次确认。从2016年7月《指导意见》和《暂行办法》出台到现在，立法经验的缺失导致了现实中地方政府的配套法规短时间内难以制定落实的尴尬。

在这个立法青黄不接的阶段，网约车平台公司的信息审查义务就显得尤为重要。滴滴公司应当切实保证乘客通过滴滴出行App下单的车辆具备合法营运资质，技术状况良好，安全性能可靠，具有营运车辆相关保险、驾驶员具有合法从业资格。在各地政府的细则生效后，还要保证车辆人员具备基本的资格证。

（二）动态的信息审查

交通运输行业的特性给监管带来了极大的不便，而网络平台的介入使得其运营方式更加灵活，这更加深了行政主管部门对运营中车辆、驾驶员的监督检查的难度。但网约车平台公司则不同。它是沟通乘客及司机的桥梁，掌握着司机、车辆的实时动态，这样的前提下，网约车平台公司承担起保证线上提供服务的车辆与线下实际提供服务的车辆一致、线上提供服务的驾驶员与线下实际提供服务的驾驶员一致的动态信息审查的责任是最为有效的解决途径。

（三）信息审查义务的标准

现有规定只是言明平台公司具有“应当”信息审查的义务，对于这项义务范围的确定标准却未提及。实践中，滴滴公司对司机的身份审查多基于身份证拍照上传，

①《网络预约出租汽车经营服务管理暂行办法》第2条。

但实际的管控却是基于以手机号码为识别标志的注册账户。这样的草率做法实在是对乘客安全的忽略，是对平台搭建者身份产生的信息审查义务的根本违背。笔者认为，信息审查范围的标准应以“合理、公平、成本”为考虑原则：在公平这一合同法基本原则下，平台公司尽到一个理性人的合理主要义务，同时不使平台公司的审查成本过高影响自身存续。在这三项原则下，寻找一个平衡点。

三、基于诚实信用原则的义务

作为合同法的基本原则之一，诚实信用原则的内容主要包括“通知、协助、提供必要的条件、防止损失扩大、保密等”①。当法律规则出现空白时就要用法律原则加以填补。在针对网约车立法尚不完善的当下，尝试借助诚实信用原则搭建网约车对乘客义务的法律脉络，对解决实践中层出不穷的纠纷、保护乘客的合法权益有着积极意义。

（一）通知与信息公开

平台公司的主要职责就是搭建司机和乘客之间信息连接的平台，当网约车司机因道路原因、司机个人原因等意外状况出现延误时，应及时通知乘客；网约车平台公司公开收费标准，实行明码标价；网约车平台公司在未告知乘客的情况下涨价或变相涨价的行为也是违背诚实信用原则的。

（二）协助解决纠纷

诚实信用原则要求合同当事人为合同的顺利履行、合同履行过程中及之后产生的纠纷的解决提供积极的协助，这一原则具体在网约车行业，要求平台公司“明确服务项目和质量承诺，建立服务评价体系和乘客投诉处理制度”，认真对待乘客的举报和投诉，积极推动纠纷的解决。

（三）事故先行赔付

诚实信用原则要求合同各方都应采取积极行动，防止损失扩大。从保障乘客权益

①胡康生主编：《中华人民共和国合同法释义》（第3版），法律出版社2013年版，第12页。关于第6条“诚实信用原则”的释义为：“诚实信用原则要求当事人在订立、履行合同，以及合同终止后的全过程中，都要诚实，讲信用，相互协作。诚实信用原则具体包括：第一，在订立合同时，不得有欺诈或其他违背诚实信用的行为；第二，在履行合同义务时，当事人应当遵循诚实信用的原则，根据合同的性质、目的和交易习惯履行及时通知、协助、提供必要的条件、防止损失扩大、保密等义务；第三，合同终止后，当事人也应当遵循诚实信用的原则，根据交易习惯履行通知、协助、保密等义务，称为后契约义务。”

的角度出发，为了避免出现意外事故时责任主体缺乏赔偿能力或者相互推诿的情况，应当确定平台公司的先行赔付制度，防止乘客的权益处于无人保障的真空状态。

（四）信息保密

平台公司对乘客的注册信息及行驶轨迹等个人信息的保密是贯穿合同始终的一项义务。对于此项义务，《暂行办法》中进行了详细的规定。① 值得注意的是，信息保密义务天然地要求，在发生信息泄漏事故后，平台公司应当采取有力措施防止事态的进一步恶化。

四、总结

虽然对网约车的立法仍在摸索之中，但其本质上也是客运合同的一种。本文旨在探究网约车平台公司对乘客的应负义务，从其性质及合同法基本原则入手，搭建义务范围框架，希望对网约车平台公司和乘客间的纠纷解决有些许裨益。

①《网络预约出租汽车经营服务管理暂行办法》第 26 条规定："除配合国家机关依法行使监督检查权或者刑事侦查权外，网约车平台公司不得向任何第三方提供驾驶员、约车人和乘客的姓名、联系方式、家庭住址、银行账户或者支付账户、地理位置、出行线路等个人信息，不得泄露地理坐标、地理标志物等涉及国家安全的敏感信息。发生信息泄露后，网约车平台公司应当及时向相关主管部门报告，并采取及时有效的补救措施。"